墨人著

本全集保留作者手批手稿

墨人博士作品全集【全60冊】

第五十六冊　墨人半世紀詩選

文史哲出版社印行

國家圖書館出版品預行編目資料

墨人博士作品全集 / 墨人著. -- 初版-- 臺北
市:文史哲, 民 100.12
頁； 公分
ISBN 978-957-549-987-7（全套 60 冊：平裝）

1.現代文學 2.中國文學 3.別集

848.6 100022602

墨人博士作品全集【全 60 冊】

第五十六冊 墨人半世紀詩選

著　　者：墨　　人
出 版 者：文 史 哲 出 版 社
http://www.lapen.com.tw
登記證字號：行政院新聞局版臺業字五三三七號
發 行 人：彭　正　雄
發 行 所：文 史 哲 出 版 社
印 刷 者：文 史 哲 出 版 社
臺北市羅斯福路一段七十二巷四號
郵政劃撥帳號：一六一八〇一七五
電話 886-2-23511028 · 傳真 886-2-23965656

【全 60 冊】定價新臺幣 36,800 元
二〇一一年（民國一百年）十二月初版

ISBN 978-957-549-987-7 08992

墨人博士著作品全集　總目

一、散文類

二、長篇小說

三、中短篇小說散文合集

四、詩詞及論評

附：外篇

墨人的一部文學千秋史

張萬熙先生，筆名墨人，江西九江人，民國九年生。爲一位享譽國內外名小說家、詩人、學者。歷任軍、公、教職。六十五歲始自從國民大會簡任一級加年功俸的資料組長兼圖書館長公職崗位退休，但已是中國文壇上一位閃亮的巨星。出版有：《全唐詩尋幽探微》、《紅樓夢的寫作技巧》、二百九十多萬字的大長篇小說《紅塵》、《白雪青山》、《春梅小史》；詩集：《哀祖國》；散文集：《小園昨夜又東風》……。民國五十年、五十一年連續以短篇小說，兩次入選維也納納富出版公司出版的《世界最佳小說選集》。七十歲時自東吳大學中文系教席二度退休，仍著述不輟，爲國寶級文學家。墨人博士在臺勤於創作六十多年（在大陸時期已創作十年），並以其精通儒、釋、道之學養，綜理戎機、參贊政務、作育英才，更以其對傳統文學的精湛造詣，與對新文藝的創作，在國際上贏得無數榮譽，如：美國世界大學榮譽文學博士、美國馬奎士國際大學榮譽文學博士、美國艾因斯坦國際學院榮譽人文學博士（包括哲學、文學、藝術、語言四類）、英國劍橋國際傳記中心副總裁（代表亞洲）、英國莎士比亞詩、小說與人文學獎得主，現在出版《全集》中。

壹、家世·堂號

張萬熙先生，江西省德化人（今九江），先祖玉公，明末時以提督將軍身份鎮守雁門關，蒙古騎兵入侵，戰死於東昌，後封爲「河間王」。其子輔公，進士出身，歷任文官。後亦奉召領兵「三定交趾」，因戰功而封爲「定興王」。其子貞公亦有兵權，因受奸人陷害，自蘇州嘉定（即今上海市一區），謫居潯陽（今江西九江）。祖宗牌位對聯爲：嘉定源流遠，潯陽歲月長；右書「清河郡」、左寫「百忍堂」。

貳、來臺灣的過程

民國三十八年，時局甚亂，張萬熙先生攜家帶眷，在兵荒馬亂人心惶惶時，張先生從湖南長沙火車站，先將一千多度的近視眼弱妻，與四個七歲以下子女，從車窗口塞進車廂，自己則擠在廁所內動彈不得，千辛萬苦的從湖南長沙搭火車南下廣州，從廣州登商輪來臺。七月三日抵基隆，由同學顧天一先生，接到臺北縣永和鎮鄉下暫住。

參、在臺灣一甲子奮鬥的過程

一、初到臺灣的生活

家小安頓妥後，張萬熙先生先到臺北萬華，一家新創刊的《經濟快報》擔任主編，但因財務不濟，四個月不到便草草結束。幸而另謀新職，舉家遷往左營擔任海軍總司令辦公室秘書，負責紀錄整理所有軍務會報紀錄。

民國四十六年，張先生自左營來臺北任職國防部史政局編纂《北伐戰史》（歷時五年多浩大工程，編成綠布面精裝本、封面燙金字《北伐戰史》叢書），完成後在「八二三」炮戰前夕又調任國防部總政治部，主管陸、海、空、聯勤文宣業務，四十七歲自軍中正式退役後轉任文官，在臺北市中山堂的國民大會主編研究世界各國憲法政治的十六開大本的《憲政思潮》，作者、譯者都是台灣大學、政治大學的教授、系主任，首開政治學術化先例。

張先生從左營遷到臺北大直海軍眷舍，只是由克難的甘蔗板隔間眷舍改為磚牆眷舍，大小一般，但邊間有一片不小的空地，子女也大了，不能再擠在一間房屋內，因此，張先生加蓋了三間竹屋安頓他們。但眷舍右上方山上是一大片白色天主教公墓，在心理上有一種「與鬼為鄰」的感覺。張夫人有一千多度的近視眼，她看不清楚，子女看見嘴裡不講，心裡都不舒服。張先生自軍中假退役後，只拿八成俸。

張先生因為有稿費、版稅，還有些積蓄，除在左營被姓譚的同學騙走二百銀元外，剩下的積蓄還可以做點別的事。因為住左營時在銀行裡存了不少舊臺幣，那時左營中學附近的土地只要三塊多錢一坪，張先生可以買一萬多坪。但那時政府的口號是「一年準備，兩年反攻，三年掃蕩，五年成功。」張先生信以為真，三十歲左右的人還是「少不更事」，平時又忙著上班、寫作，實在不懂政治、經濟大事，以為政府和「最高領袖」不會騙人，五年以內真的可以回大陸，張先生又有「戰士授田證」。沒想到一改用新臺幣，張先生就損失一半存款，呼天不應。但天理不容，姓譚的同學不但無后，也死了三十多年，更沒沒無聞。張先生作人、看人的準則是：無論幹什麼都是「誠信」第一，因果比法律更公平、更準。欺人不可欺心，否則自食其果。

二、退休後的寫作生活

張先生四十七歲自軍職退休後，轉任台北市中山堂國大會主編十六開大本研究各國憲法政治的《憲政思潮》十八年，時任簡任一級資料組長兼圖書館長。並在東吳大學兼任副教授二十年、香港廣大學院指導教授、講座教授、指導論文寫作、不必上課。六十四歲時即請求自公職提前退休，以業務重要不准，但取得國民大會秘書長（北京朝陽大學法律系畢業）何宜武先生的首肯，六十五歲依法退休。當時國民大會、立法院、監察院簡任一級主管多延至七十歲退休，因所主管業務富有政治性，與單純的行政工作不同，六十五歲時張先生雖達法定退休年齡，還是延長了四個月才正式退休，何秘書長宜武大惑不解地問張先生：「別人請求延長退休而不可得，你爲什麼反而要求退休？」張先生答以「專心寫作」，何秘書長才坦然不疑。退休後日夜寫作，因胸有成竹，很快完成了一百九十多萬字的大長篇小說《紅塵》，在鼎盛時期的《臺灣新生報》連載四年多，開中國新聞史中報紙連載最大長篇小說先河。但報社還不敢出版，經讀者熱烈反映，才出版前三大冊。當年十二月即獲行政院新聞局「著作金鼎獎」與嘉新文化基金會「優良著作獎」，亦無前例。《台灣新生報》又出九十三章至一百二十二章，只好名爲《續集》。墨人在書前題五言律詩一首：

浩劫未埋身，揮淚寫紅塵，非名非利客，孰晉孰秦人？
毀譽何清問？吉凶自有因。天心應可測，憂道不憂貧。

二〇〇四年初，巴黎 youfeng 書局出版豪華典雅的法文本《紅塵》，亦開「五四」以來中文作家大長篇小說進入西方文學世界重鎮先河。時爲巴黎舉辦「中國文化年」期間，兩岸作家多由政府資助出席，張先生未獲任何資助，亦未出席，但法文本《紅塵》卻在會場展出，實爲一大諷刺。張先生一生「只問耕耘，不問收穫」的寫作態度，七十多年來始終如一，不受任何外在因素影響。

肆、特殊事蹟與貢獻

一、《紅塵》出版與中法文學交流

《紅塵》寫作時間跨度長達一世紀，由清朝末年的北京龍氏家族的翰林第開始，寫到八國聯軍、滿清覆亡、民國初建、八年抗日、國共分治下的大陸與臺灣，續談臺灣的建設發展、開放大陸探親等政策。空間廣度更遍及大陸、臺灣、日本、緬甸、印度，是一部中外罕見的當代文學鉅著。墨人五十七歲時應邀出席在西方文藝復興聖地佛羅倫斯所舉辦的首屆國際文藝交流大會，會後環遊地球一周。七十歲時應邀訪問中國大陸四十天，次年即出版《大陸文學之旅》。《紅塵》一書最早於臺灣新生報連載四年多，並由該報連出三版，臺灣新生報易主後，將版權交由昭明出版社出版定本六卷。由於本書以百年來外患內亂的血淚史爲背景，寫出中國人在歷史劇變下所顯露的生命態度、文化認知、人性的進取與沉淪，引起中外許多讀者極大共鳴與回響。

旅法學者王家煜博士是法國研究中國思想的權威，曾參與中國古典文學的法文百科全書翻譯工作，他認爲深入的文化交流仍必須透過文學，而其關鍵就在於翻譯工作。從五四運動以來，中西文化交流一直是西書中譯的單向發展。直到九十年代文建會提出「中書外譯」計畫，臺灣作家才逐漸被介紹到西方，如此文學鉅著的翻譯，算是一個開始。

王家煜在巴黎大學任教中國上古思想史，他指出《紅塵》一書中所引用的詩詞以及蘊含中國思想的博大精深，是翻譯過程中最費工夫的部分。爲此，他遍尋參考資料，並與學者、詩人討論，歷時十年終於完成《紅塵》的翻譯工作，本書得以出版，感到無比的欣慰。他笑著說，這可說是「十年寒窗」。

《紅塵》法文譯本分上下兩大冊，已由法國最重要的中法文書局「友豐書店」出版。友豐負責人潘立輝謙沖寡言，三十年多來，因對中法文化交流有重大貢獻而獲得法國授予文化「騎士勳章」的榮譽。他於五年前開始成立出版部，成爲歐洲一家以出版中國圖書法文譯著爲主業的華人出版社。

潘立輝表示，王家煜先生的法文譯筆典雅、優美而流暢，使他收到「紅塵」譯稿時，愛得不忍釋手，他以一星期的時間一口氣看完，經常讀到凌晨四點。他表示出版此書不惜成本，不太可能賺錢，卻感到十分驕傲，因爲本書能讓不懂中文的旅法華人子弟，更瞭解自己文化根源的可貴之處，同時，本書的寫作技巧必對法國文壇有極大影響。

二、不擅作生意

張先生在六十五歲退休之前，完全是公餘寫作，在軍人、公務員生活中，張先生遭遇的挫折不少。軍職方面，張先生只升到中校就不做了，因爲過去稱張先生爲前輩、老長官的人都成爲張先生的上司，張先生怎麼能做？因爲張先生的現職是軍聞社資料室主任（他在南京時即任國防部新創立的「軍事新聞總社」實際編輯主任，因言守元先生是軍校六期老大哥，未學新聞，不在編輯之列）。但張先生以不求官，只求假退役，不擋人官路，這才退了下來。那時養來亨雞風氣盛行，在南京軍聞總社任外勤記者的姚秉凡先生頭腦靈活，他即時養來亨雞，張先生也「東施效顰」，結果將過去稿費積蓄全都賠光。

三、家庭生活與運動養生

張先生大兒子考取中國廣播公司編譯，結婚生子，廿七年後才退休，長孫修明取得美國南加州大學電機碩士學位，之後即在美國任電機工程師。五個子女均各婚嫁，小兒子選良以獎學金取得美國華盛頓大學化學工程博士，媳蔡傳惠為伊利諾理工學院材料科學碩士，兩孫亦已大學畢業就業，落地生根。

張先生兩老活到九十一、九十二歲還能照顧自己。（近年以一印尼女「外勞」代做家事）張先生一伏案寫作四、五小時都不休息，與臺大外文系畢業的長子選翰兩人都信佛，六十五歲退休後即吃全素。低血壓十多年來都在五十五至五十九之間，高血壓則在一百一十左右，走路「行如風」，年輕人很多都跟不上張先生，比起初來臺灣時毫不遜色，這和張先生運動有關。因為張先生住大直後山海軍眷舍八年，眷舍右上方有一大片白色天主教公墓，諸事不順，公家宿舍小，又當西曬，張先生靠稿費維持七口之家和五個子女的教育費。三伏天右手墊塡著毛巾，背後電扇長吹，三年下來，得了風濕病，手都舉不起來，花了不少錢都未治好。後來章斗航教授告訴張先生，圓山飯店前五百完人塚廣場上，有一位山西省主席閻錫山的保鑣王延年先生在教太極拳，勸張先生天一亮就趕到那裡學拳，一定可以治好。張先生一向從善如流，第二天清早就向王延年先生報名請教，王先生有教無類，收張先生這個年已四十的學生，王先生先不教拳，只教基本軟身功攀腿，卻受益非淺。

四、耿直的公務員性格

張先生任職時向來是「不在其位，不謀其政」。後來升簡任一級組長，有一位「地下律師」的專員，平時鑽研六法全書，混吃混喝，與西門町混混都有來往，他的前任爲大畫家齊白石女婿，平日公私不分，是非不明，借錢不還，沒有口德，人緣太差，又常約那位「地下律師」專員到家中打牌。那專員平日不簽到，甚至將簽到簿撕毀他都不哼一聲，因爲爲他多報年齡，屆齡退休時想更改年齡，但是得罪人太多，金錢方面更不清楚，所以不准再改年齡，組長由張先生繼任。

張先生第一次主持組務會報時，那位地下律師就在會報中攻擊圖書科長，張先生立即申斥，並宣佈記過。簽報上去處長都不敢得罪那地下律師，又說這是小事，想馬虎過去，張先生以秘書處名譽紀律爲重，非記過不可，讓他去法院告張先生好了。何宜武祕書長是學法的，他看了張先生簽呈同意記過，那位地下律師「專員」不但不敢告，只暗中找一位不明事理的國大「代表」來找張先生的麻煩。因事先有人告訴他，張先生完全不理那位代表，他站在張先生辦公室門口不敢進來，幾分鐘後悄然而退。人不怕鬼，鬼就怕人。諺云：「一正壓三邪」，這是經驗之談。直到張先生退休，那位專員都不敢惹事生非，西門町流氓也沒有找張先生的麻煩，當年的代表十之八九已上「西天」，張先生活到九十二歲還走路「行如風」，一坐到書桌，能連續寫作四、五小時而不倦，不然張先生怎麼能在兩岸出版約三千萬字的作品？

原載新文豐《紮根台灣六十年》，墨人民國一百年十一月十三日校正）

墨人博士作品全集

文學是千秋藝業
秦皇漢武今何在
李白杜甫仍風流

全集共分四大類
一、散文類　二、小說類
三、文學理論類
四、新詩古典詩詞類

我出生於一個「萬般皆下品，惟有讀書高」的傳統文化家庭，且深受佛家思想影響，因祖母信佛，兩個姑母先後出家，大姑母是帶著賠嫁的錢購買依山傍水風景很好，上名山廬山的必經之地的「天后宮」出家的，小姑母的廟則在鬧中取靜的市區。我是父母求神拜佛後出生的男子，並寄名佛下，乳名聖保，上有二姊下有一妹都夭折了，在那個重男輕女的時代！我自然水漲船高了。我記得四、五歲時一位面目清秀，三十來歲文質彬彬的李瞎子替我算命，母親問李瞎子，我的命根穩不穩？能不能養大成人？李瞎子說我十歲行運，幼年難免多病，可以養大成人，但是會遠走高飛。母親聽了憂喜交集，在那個時代不但妻以夫貴。也以子貴，有兒子在身邊就多了一層保障。母親的心理壓力很大，李瞎子的「遠走高飛」那句話可不是一句好話。

到現在八十多年了，我還記得十分清楚。母親暗自憂心。何況科舉已經廢了，不必「進京趕考」，更不會「當兵吃糧」，安安穩穩作個太平紳士或是教書先生不是很好嗎？我們張家又是大族，人多勢眾，不會受人欺侮，何況二伯父的話此法律更有權威，人人敬仰，去外地「打流」又有什麼好處？因此我剛滿六歲就正式拜孔夫子入學啓蒙，從《三字經》、《百家姓》、《千字文》、《千家詩》、《論語》、《大學》、《中庸》……《孟子》、《詩經》、《左傳》讀完了都要整本背，在十幾位學生中，也只有我一人能背，我背書如唱歌，窗外還有人偷聽，他們實在缺少娛樂。除了我父親下雨天會吹吹笛子、簫，消遣之外，沒有別的娛樂，我自幼歡喜絲竹之音，但是很少聽到。讀書的人也只有我們三房、二房兩兄弟，二伯父在城裡當紳士，偶爾下鄉排難解紛，他是一族之長，更受人尊敬，因爲他大公無私，又有一百八十公分左右的身高，眉眼自有威嚴，能言善道，他的話比法律更有效力，加之民性純樸，真是「夜不閉戶，道不失遺」。只有「夏都」廬山才有這麼好的治安。我十二歲前就讀完了四書、詩經、左傳、千家詩。我最喜歡的是《千家詩》和《詩經》。

關關雎鳩，在河之洲，
窈窕淑女，君子好逑。

我覺得這種詩和講話差不多，可是更有韻味。我就喜歡這個調調。《千家詩》我也喜歡，我背得更熟。開頭那首七言絕句詩就很好懂：

雲淡風清近午天，傍花隨柳過前川。
時人不識余心樂，將謂偷閒學少年。

老師不會作詩，也不講解，只教學生背，我覺得這種詩和講話差不多，但是更有韻味。我也了解大意，我以讀書爲樂，不以爲苦。這時老師方教我四聲平仄，他所知也止於此。

我也喜歡《詩經》，這是中國最古老的詩歌文學，是集中國北方詩歌的大成。可惜三千多首被孔子刪得只剩三百首。孔子的目的是：「詩三百，一言以蔽之，曰思無邪。」孔老夫子將《詩經》當作教條。詩是人的思想情感的自然流露，是最可以表現人性的。先民質樸，孔子既然知道「食色性也」，對先民的集體創作的詩歌就不必要求太嚴，以免喪失許多文學遺產和地域特性。楚辭和詩經不同，就是地域特性和風俗民情的不同。文學藝術不是求其同，而是求其異。這樣才會多彩多姿。文學不應成爲政治工具，但可以移風易俗，亦可淨化人心。我十二歲以前所受的基礎教育，獲益良多，但也出現了一大危機，沒有老師能再教下玄。幸而有一位年近二十歲的姓王的學生在廬山一未立案的國學院求學，他問我想不想去？我自然想去，但廬山夏涼，冬天太冷，父親知道我的心意，並不反對，他對新式的人手是刀尺的教育沒有興趣，我便在飄雪的寒冬同姓王的爬上廬山，我生在平原，這是第一次爬上高山。

在廬山我有幸遇到一位湖南岳陽籍的閻毅字任之的好老師，他只有三十二歲，飽讀詩書，與民國初期的江西大詩人散原老人唱和，他的王字也寫的好。有一天他要六七十位年齡大小不一的學生各寫一首絕句給他看，我寫了一首五絕交上去，廬山松樹不少，我生在平原是看不到松樹的，我是即景生情，信手寫來，想不到閻老師特別將我從大教室調到他的書房去，在他右邊靠牆壁另加一桌一椅，教我讀書寫字，並且將我的名字「熹」改為「熙」，視我如子。原來是他很欣賞我那首五絕中的「疏松月影亂」這一句。我只有十二歲，不懂人情世故，也不了解他的深意。時任漢口市長張群的侄子張繼文還小我一歲，卻是個天不怕、地不怕的小太保，江西省主席熊式輝的兩個小舅子大我幾歲，閻老師的侄子卻高齡二十八歲。學歷也很懸殊，有上過大學的、高中的，多是對國學有興趣，支持學校的袞袞諸公也都是有心人士，新式學校教育日漸西化，國粹將難傳承，所以創辦了這樣一個尚未立案的國學院，也未大張旗鼓正式掛牌招生，但聞風而至的要人子弟不少，校方也本著「有教無類」的原則施教，閻老師也是義務施教，他與隱居廬山的要人嚴立三先生也有交往。（抗日戰爭一開始嚴立三即出山任湖北省主席，諸閻老師任省政府秘書，此是後話。）同學中權貴子弟亦多，我雖不是當代權貴子弟，但九江先組玉公以提督將軍身分抵抗蒙古騎兵入侵雁門關戰死東昌（雁門關內北京以西縣名，一九九〇年我應邀訪問大陸四十天時去過。）而封河間王；其子輔公。以進士身分出仕，後亦應昭領兵三定交趾而封定興王；其子貞公亦有兵權，因受政客讒害而自嘉定謫居潯陽。大詩人白居易亦曾謫爲江州司馬，我另一筆名即用江州司馬。我是黃帝第五子揮的後裔，他因善造弓箭而賜姓張。遠祖張良是推薦韓信爲劉邦擊敗楚霸王項羽的漢初三傑之首。他有知人之明，深知劉邦可以共患難，不能共安樂，所以悄然引退，作逍遙遊，不像韓信爲劉邦拼命打天下，立下汗馬功勞，雖封三齊王卻死於未央宮呂后之手。這就是不知進退的後果。我很敬佩張良這位遠祖，抗日戰爭初期（一九三八）我爲不作「亡國奴」，即輾轉赴臨時首都武昌以優異成績考取軍校，一位落榜的姓熊的同學帶我們過江去漢口。中共未公開招生的「抗日大學」（當時國共合作抗日，中共在漢口以「抗大」名義吸收人才。）辦事處參觀，接待我們的是一位讀完大學二年級才貌雙全，口才奇佳的女生獨對我說負責保送我免試進「抗大」一期，因未提其他同學，我不去。一年後我又在軍校提前一個月畢業，因我又考取陪都重慶中央政府培養高級軍政幹部的中央訓練團，而特設的新聞「新聞研究班」第一期，與我同期的有爲新詩奉獻心力的覃子豪兄（可惜五十二歲早逝）和中央社東京分社主任兼國際記者協會主席的李嘉兄。他在我訪問東京時曾與我合影留念，並親贈我精裝《日本專欄》三本。他七十歲時過世，這兩張照片我都編入「全集」一百九十多萬字的空前大長篇小說（紅塵）照片類中。而今在台同學只有兩位了。

民國二十八年（一九三九）九月我以軍官、記者雙重身分，奉派到第三戰區最前線的第三十二集團軍上官雲相總部所在地，唐宋八大家之一，又是大政治家王安石，尊稱王荊公的家鄉臨川，（屬撫州市）作軍事記者，時年十九歲，因第一篇戰地特寫《臨川新貌》經第三戰區長官都主辦的行銷甚廣的《前線日報》發表，隨即由淪陷區上海市美國人經營的《大美晚報》轉載，而轉爲文學創作，因我已意識到新聞性的作品易成「明日黃花」，文學創作則可大可久，我爲了寫大長篇《紅塵》、六十四歲時就請求提前退休，學法出身的秘書長何宜武先生大惑不解，他對我說：

「別人想幹你這個工作我都不給他，你爲什麼要退？」我幹了十幾年他只知道我是個奉公守法的張萬熙，不知道我是「作家」墨人，有一次國立師範大學校長劉真先生告訴他張萬熙就是墨人，劉校長看了我在當時的「中國時報」發表的幾篇有關中國文化的理論文章，他希望我繼續寫，劉校長真是有心人。沒想到他在何宜武秘書長面前過獎，使我不能提前退休，要我幹到六十五歲多四個月才退了下來。現在事隔二十多年我才提這件事。鼎盛時期的（台灣新生報）連載四年多的拙作《紅塵》出版前三冊時就同時獲得新聞局著作金鼎獎和嘉新文化基金會「優良著作獎」，劉真校長也是嘉新文化基金會的評審委員之一，他一定也是投贊成票的。「世有伯樂而後有千里馬」。我九十二歲了，現在經濟雖不景氣，但我還是重讀重校了拙作「全集」我一向只問耕耘，不問收穫，我歷任軍、公、教三種性質不同的職務，經過重重考核關卡，寫作七十三年，經過編者的考核更多，我自己從來不辦出版社。我重視分工合作。我頭腦清醒，是非分明，歷史人物中我更敬佩遠祖張良，不是劉邦。張良的進退自如我更歎服。在政治角力場中要保持頭腦清醒，人性尊嚴並非易事。我們張姓歷代名人甚多，我對遠祖張良的進退自如尤爲歎服，因此我將民國四十年在台灣出生的幼子依譜序取名選良。他早年留美取得化學工程博士學位，雖有獎學金，但生活仍然艱苦，美國地方大，出入非有汽車不可，這就不是獎學金所能應付的，我不能不額外支持，他取得化學工程博士學位與取得材料科學碩士學位的媳婦蔡傳惠雙雙回台北探親，且各有所成，幼子曾研究生產了飛機太空船用的抗高溫的纖維，媳婦則是一家公司的經理，下屬多是白人，兩孫亦各有專長，在台北出生的長孫是美國南加州大學的電機碩士，在經濟不景氣中亦獲任工程師，我不要第三代走這條文學小徑，是現實客觀環境的教訓，我何必讓第三代跟我一樣忍受生活的煎熬，這會使有文學良心的人精神崩潰的。我因經常運動，又吃全素二十多年，九十二歲還能連寫四、五小時而不倦。我寫作了七十多年，也苦中有樂，但心臟強，又無高血壓，一是得天獨厚，二是生活自我節制，我到現在血壓還是60—110之間，沒有變動，寫作也少戴老花眼鏡，走路仍然「行如風」，十分輕快，我在國民大會主編《憲政思潮》十八年，看到不少在大陸選出來的老代表，走路兩腳在地上蹉跎，這就來日不多了。個人的健康與否看他走路就可以判斷，作家寫作如在八十歲以後還不戴老花眼鏡，沒有高血壓，長命百歲絕無問題。如再能看輕名利，不在意得失，自然是仙翁了。健康長壽對任何人都很重要，對詩人作家更重要。

一九九〇年我七十歲應邀訪問大陸四十天作「文學之旅」時，首站北京，我先看望已九十高齡的老前輩散文作家，大家閨秀型的風範，平易近人，不慍不火的冰心，她也「勞改」過，但仍心平氣和。本來我也想看看老舍，但老舍已投湖而死，他的公子舒乙是中國現代文學館的副館長，他也出面接待我，還送了我一本他編寫的《老舍之死》，隨後又出席了北京詩人作家與我的座談會，參加七十賤辰的慶生宴，彈指之間卻已二十多年了。我訪問大陸四十天，次年即由台北「文史哲出版社」出版照片文字俱備的四二五頁的《大陸文學之旅》。不虛此行。大陸文友看了這本書的無不驚異，他們想不到我七十一高齡還有這樣的快筆，而又公正詳實。他們不知我行前的準備工作花了多少時間，也不知道我一開筆就很快。

我拜會的第二位是跌斷了右臂的詩人艾青，他住協和醫院，我們一見如故，他是浙江金華人，卻體格高大，性情直爽如燕趙之士，完全不像南方金華人。我們一見面他就緊握著我的手不放，侃侃而談，我不知道他編《詩刊》時選過我的新詩。在此之前我交往過的詩人作家不少，沒有像他如此豪放真誠，我告別時他突然放聲大哭，陪我去看他的北京新華社社長族侄張選國先生，陪我四十天作《大陸文學之旅》的廣州電視台深圳站站長高麗華女士，文字攝影記者譚海屏先生等多人，不但我爲艾青感傷，陪同我去看艾青的人也心有戚戚焉，所幸他去世後安葬在八寶山中共要人公墓，他是大陸唯一的詩人作家有此殊榮。台灣單身詩人同上校軍文黃仲琮先生，死後屍臭才有人知道，他小我二歲，如我不生前買好八坪墓地，連子女也只好將我兩老草草火化，這是與我共患難一生的老伴死也不甘心的，抗日戰爭時她父親就是我單獨送上江西南城北門外義山土葬的。這是中國人「入土爲安」的共識。也許有讀者會問這和文學創作有什麼關係？但文學創作不是單純的文字工作，而是作者整個文化觀、文學觀，人生觀的具體表現，不可分離。詩人作家不能「瞎子摸象」，還要有「舉一反三」的能力。我做人很低調。寫作也不唱高調，但也會作不平之鳴、仗義直言。我不鄉愿，我重視一步一個腳印，「打高空」可以譁眾邀寵於一時，但「旁觀者清」，讀者中藏龍臥虎，那些不輕易表態的多是高人。高人一旦直言不隱，會使洋洋自得者現出原形。作品一旦公諸於世，一切後果都要由作者自己負責，這也是天經地義的事。

我寫作七十多年無功無祿，我因熬夜寫作頭暈住馬偕醫院一個星期也沒有人知道，更不像大陸的當代作家、詩人是有給制，有同教授的待過，而稿費、版稅都歸作者所有。依據民國九十八年一月十日「中國時報」A十四版「二〇〇八年中國作家富豪榜單」二十五名收入人民幣的數字統計，第一高的郭敬明一年是一千三百萬人民幣，第二名鄭淵潔是一千一百萬人民幣，第三名楊紅櫻是九百八十萬人民幣。最少的第二十五名的李西閩也有一百萬人民幣，以人民幣與台幣最近的匯率近一比四・五而言，現在大陸作家一年的收入就如此之多，是我一九九〇年應邀訪問大陸四十天作文學之旅時所未想像到的，而現在的台灣作家與我年紀相近的二十年前即已停筆，原因之一是發表出版兩難，二是年齡太大了。民國九十八年（二〇〇九）以前就有張漱菡（本名欣禾）、尹雪曼、劉枋、王書川、艾雯、嚴友梅六位去世，嚴友梅還小我四、五歲，小我兩歲的小說家楊念慈則行動不便，鬍鬚相當長，可以賣老了。我托天佑，又自我節制，二十多年來吃全素，又未停止運動，也未停筆，最近在台北榮民總醫院驗血檢查，健康正常。我也有我的養生之道，每天吃枸杞子明目，吃南瓜子抑制攝護腺肥大，多走路、少坐車，伏案寫作四、五小時而不疲倦，此非一日之功。

民國九十八（二〇〇九）己丑，是我來台六十周年，這六十年來只搬過兩次家，第一次從左營搬到台北大直海軍眷舍，在那一大片天主教白色公墓之下，我原先不重視風水，也無錢自購住宅，想不到鄰居的子女有得神經病的，有在金門車禍死亡的，大人有坐牢的，有槍斃的，也有得神經病的，我退役養雞也賠光了過去稿費的積蓄，讀台大外文系的大兒子也生病，我則諸事不順，直到搬到大屯山下坐北朝南的兩層樓的獨門獨院自宅後，自然諸事順遂，我退休後更能安心寫作，遠離台北市區，真是「市遠無兼味，地僻客來稀。」同里鄰的多是市井小民，但治安很好，誰也不知道我是爬格子的，連警察先生也不光顧舍下，除了近十年常有人打電話來騙我，幸未上大當外，我安心過自己的生活。當年「移民潮」去不了美國的也會去加拿大，我是「美國人」的祖父，我不移民美國，更別說去加拿大了。娑婆世界無常，早年即移民美國的琦君（本名潘希真）、彭歌，最後還是回到台灣來了，這不能說台灣是「天堂」，以我的體驗而言是台北市氣候宜人，夏天三十四度以上的日子少，冬天十度以下的日子也很少，老年人更不能適應零度以下的氣溫，我只有冬天上大屯山、七星山頂才能見雪。有高血壓、心臟病的老人更不能適應。我不想做美國公民，做台灣平民六十多年，也沒有自卑感。

娑婆世界是一個無常的世界，天有不測風雲，人有旦夕禍福，老子早說過：「福兮禍所倚，禍兮福所伏。」禍福無門，唯人自招。我一生不起歪念，更不損人利己，與人爲善。雖常吃暗虧，只當作上了一課。這個花花世界是我學不完的大教室，萬丈紅塵其中也有黑洞，我心存善念，更不造文字孽，不投機取巧，不違背良知，蒼天自有公斷，我本著文學良心寫作，盡其在我而已，讀者是最好的裁判。

民國一〇〇年（二〇一一）辛卯七月二十九日下午六時二十三分於紅塵寄廬

1951 年墨人 31 歲與夫人曾麗春女士（30 歲）結婚十周年紀念合影於左營

墨人博士七十壽辰與夫人曾麗春女士合影。此照為大翻譯家、文學理論家黃文範先生所攝，並在照片背後題「南山北海惟仁者壽」。

民國二十九年(1940)作者墨人在江西南城戎裝照。

1939 年墨人即自戰時陪都四川重慶奉派至江西臨川王安石家鄉，第三戰區前線任軍事記者創辦軍報，提供抗日官兵精神食糧。時年 19 歲。

2010 年「五四」作者墨人 91 歲在花蓮和南寺家人合影

2003 年 8 月 26 日作者墨人（中）在含鄱口觀山景點與作者長女韻華、長子選翰、三女韻湘、二女韻真合影。

2005 年 2 月作者次子選良（右一）回台北與父（右二）及作者夫人（中）三女韻湘（左二）二女韻真（左一）合影。

作者墨人在書房留影，時年八十五歲。

《墨人博士大長篇小說〈紅塵〉法文譯本封面照片》

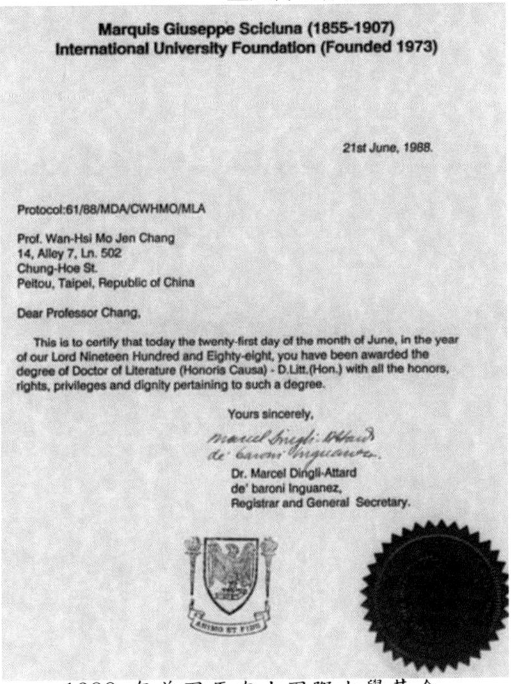

Marquis Giuseppe Scicluna (1855-1907)
International University Foundation (Founded 1973)

21st June, 1988.

Protocol:61/88/MDA/CWHMO/MLA

Prof. Wan-Hsi Mo Jen Chang
14, Alley 7, Ln. 502
Chung-Hoe St.
Peitou, Taipei, Republic of China

Dear Professor Chang,

This is to certify that today the twenty-first day of the month of June, in the year of our Lord Nineteen Hundred and Eighty-eight, you have been awarded the degree of Doctor of Literature (Honoris Causa) - D.Litt.(Hon.) with all the honors, rights, privileges and dignity pertaining to such a degree.

Yours sincerely,

Dr. Marcel Dingli-Attard
de' baroni Inguanez,
Registrar and General Secretary.

1988 年美國馬奎士國際大學基金會，授予張萬熙墨人教授榮譽文學博士學位證書。

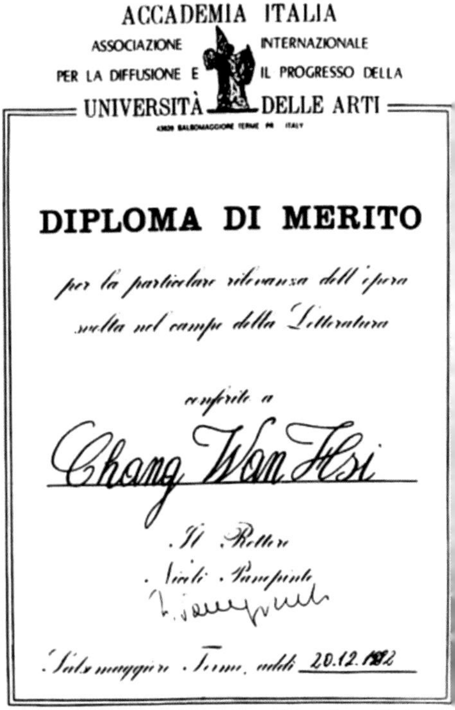

ACCADEMIA ITALIA
ASSOCIAZIONE INTERNAZIONALE
PER LA DIFFUSIONE E IL PROGRESSO DELLA
UNIVERSITÀ DELLE ARTI

DIPLOMA DI MERITO

per la particolare rilevanza dell'opera svolta nel campo della Letteratura

conferito a

Chang Wan Hsi

Il Rettore
Nicola Pampinto

Salsomaggiore Terme, addì 20.12.1982

義大利出版英、法、德、義四種文字的「國際文學史」的 ACCADEMIA ITALIA, 1982 年授予墨人的文學功績證書。

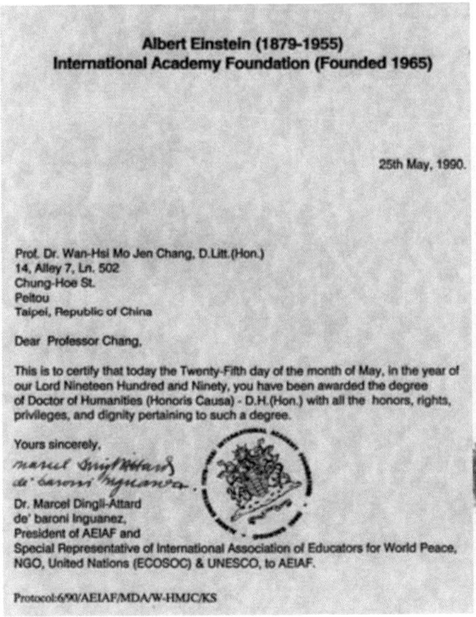

Albert Einstein (1879-1955)
International Academy Foundation (Founded 1965)

25th May, 1990.

Prof. Dr. Wan-Hsi Mo Jen Chang, D.Litt.(Hon.)
14, Alley 7, Ln. 502
Chung-Hoe St.
Peitou
Taipei, Republic of China

Dear Professor Chang,

This is to certify that today the Twenty-Fifth day of the month of May, in the year of our Lord Nineteen Hundred and Ninety, you have been awarded the degree of Doctor of Humanities (Honoris Causa) - D.H.(Hon.) with all the honors, rights, privileges, and dignity pertaining to such a degree.

Yours sincerely,

Dr. Marcel Dingli-Attard
de' baroni Inguanez,
President of AEIAF and
Special Representative of International Association of Educators for World Peace, NGO, United Nations (ECOSOC) & UNESCO, to AEIAF.

Protocol:6/90/AEIAF/MDA/W-HMJC/KS

1990 年美國愛因斯坦國際學院基金會授予張萬熙墨人教授榮譽人文學（含哲學文學藝術語言四種）博士學位

WORLD UNIVERSITY ROUNDTABLE
In Corporate Affiliation with the World University

Greetings

In recognition of Distinguished Achievement within the principles and purposes of the World University development, the Trustees of the Corporation, upon the nomination of the Secretariat, confer doctoral membership and this honorary award upon

Chang Wan-Hsi (Mo Jen)

The Cultural Doctorate in Literature

with all rights and privileges there to pertaining.

Witness our hand and seal at International Secretariat Regional Campus, Benson, Ar... April 17, 1989

President of the Board of Trustees
Secretary of the Board of Trustees

1989 年美國世界大學授予張萬熙墨人榮譽文學博士學位，文化大學創辦人張其昀（曉峰）先生亦獲此榮譽。

1999 年 10 月張萬熙墨人博士榮登英國劍橋國際傳記中心《二十世二千位傑出學者》第一版證書。

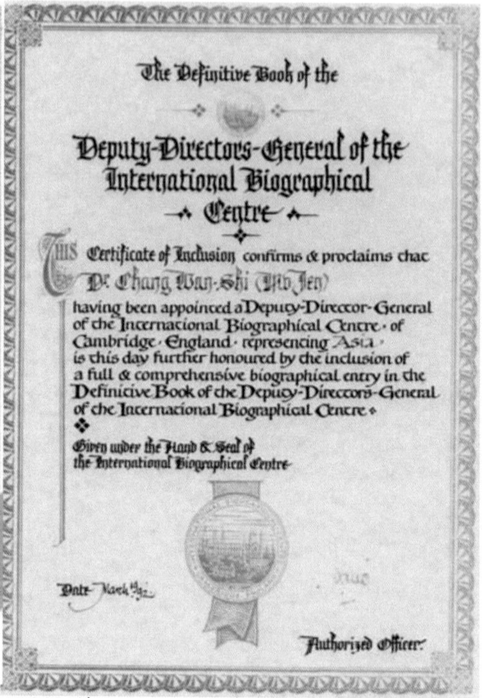

1992 英國劍橋國際傳記中心（I.B.C.）任張萬熙墨人博士為代表亞洲的副總裁。

2009 年 3 月 16 日英國劍橋國際傳記中心總裁與總編輯聯合授予張萬熙墨人博士國際莎士比亞文學成就獎。

英國劍橋國際傳記中心(I.B.C.)2002 年頒發詩人作家張萬熙（墨人）博士終身成就獎，英文信及金牌正反面照片墨人早年即被 I.B.C.推選為副總裁。

自序

墨人

我是「五、四」運動次年出生的。以中國習俗來說，今年是七十五歲，也是我從事文學創作五十四周年。「五、四」新文學運動引起最大的變革是詩。而新詩經過七十多年的發展，尚未定型，亦無定論。我最初也是從事新詩寫作的，但民國三十年以前寫的詩、散文、短篇小說是片紙隻字都沒有留住，因此我的詩作收入集子中的只有自三十一年起的作品。而我寫詩的第一個高潮是三十二、三年，第二個高潮是三十九、四十年，第三個高潮是六十八年，八十年勉強算得上是第四個高潮，而這個「高潮」實際上只有兩三天時間。其他的時間我絕大部份是寫小說，其次是寫散文、理論，乃至於寫傳統絕律詩，修訂、批注紅樓夢，定名爲「張本紅樓夢」。此外我還寫了「全唐詩尋幽探微」、「全唐宋詞尋幽探微」均由台北商務印書館出版。這也是兩項相當艱巨的工作，不但新詩人沒有作過，傳統詩人和在大學裡教詩詞的教授們也沒有作過。

在我走過的五十五年的漫長的文學創作道路中，相形之下，詩的產量並不多。我檢視自民國三十一年至八十三年（一九四二—一九九四）整整五十二年的過濾過的一七〇首作品中，我覺得可以作個總結了。五十二年不算太短，以後我還寫不寫新詩？現在很難說，我不妨將我走過的腳印，提供給新詩人參考。尤其是那些與時代息息相關，與中國人的悲慘命運相關的拙作，我並沒有完全淘汰。我不是躲在象牙塔裡囈語的詩人，也不是外太空的超世界的詩人，我是生活在這個地球上的普通人。我經過太多今天不知道明天死活的日子，在青年時期我眞沒有想到我能活到七十五歲，我也從來不敢狂妄，也不會過分自悲。我去年寫了一首「七秩晉五感懷」七律，似乎可以抄在下面：

七五人生一首詩，也無狂嘯也無悲。
雲飛秦嶺因風起，龍入深淵只自知；
春暖桃花迎客笑，歲寒松韻在冰姿。
富貴不淫貧賤樂，百年吟詠夜遲遲。

我抄這首七律似乎與新詩不太搭調，但我實在無法用新詩表達七十五歲的心情。六十歲時我寫過一首「花甲之歌」的新詩，七十五歲的心情和感受便大不相同了。正如六十歲時我寫不出一百貳十萬字的大長篇「紅塵」，七十歲左右我反而能一氣呵成一樣，這是很難向詩人們解釋清楚的。我希望今後新詩不妨與傳統詩詞進行整合，以創造新詩的盛唐時代。

我這本上下五十二年的詩選，之所以定名爲半世紀詩選，是取其整數。我寧可報少不報多。正如我的大長篇小說「紅塵」，版面字數近兩百萬字，我只說一百七十萬字。我做事總要留點餘地，何況文學作品不是稱斤論兩的，詩人作家也不是以年資定位的。能留下一首好詩，一本好小說，就算沒有白寫了。

民國八十四年（一九九五）元月三日定稿於北投　紅塵寄廬

二〇〇九年一月五日重校，依中國最科學的算法，生命始於父母精子卵子的結合，生命落地即為一歲。二〇〇九年一月九日最後校閱此文時應為九十歲了。

墨人半世紀詩選 目次

附　錄

卷首詩

紅塵
如來

一九七五——一九九四

卷首詩

紅塵

造化以千層萬層網
織成了十方萬丈紅塵
網住了所有的眾生
自然也網住了兩隻腳的人

人，這種動物
自以為比別的眾生
大腦多了幾根神經

便在網內日夜翻騰
總想騎在別人頭上
　稱帝稱王
　唯我獨尊
最少也想作個老大
指使別人

但不論他是三頭六臂
或是千年狐狸精
都是在網內原地打滾

唯一的法門
只有破除愚蠢
化無明為般若
才能跳出紅塵

如來

你問為什麼
孫悟空一個觔斗十萬八千里
還是翻不出如來佛的手掌心

因為如來佛
不來不去
祂是宇宙中心

祂與宇宙一體
　萬物一體
祂一振動，便化解了時空
　　便與宇宙合一
祂無形無相
又無所不在，無所不能

孫悟空再快
也不能突破時空
無論他怎麼跳來跳去
還是在如來佛的掌握之中

一九九四·八·十八於北投紅塵寄廬

大陸詩抄

大陸詩抄（組詩）

西湖

一夢五十年
我從春申江畔
直奔西子湖邊

很想會會白司馬、蘇通判
而詩人早已掛冠遠去
我只好踏上斷橋
可也沒有看到斷腸的白素貞
卻看見白堤的垂柳碧桃
　　蘇堤的弱柳千條
與西子柳浪聞鶯

與詩人雷峰觀夕照

登上放鶴亭
想看看林處士放鶴種梅
林處士卻長眠湖畔
不肯起來

面對一湖煙雨
　一湖碧水
　一湖山色
我想繼他放幾隻鶴
　種幾株梅

西子留我
不歸，不歸

八〇・一・二〇・北投

潯陽樓

九派潯陽郡
分明是畫圖
——唐詩

你面對萬里長江而立
北望千里平疇
這氣勢，何遜於滕王閣
岳陽樓、黃鶴樓
你應是江南四大名樓

你是楚尾吳頭
宋公明曾在你的粉壁上題詩：
「心在山東身在吳……」
和那首「西江月」的反詞

你無動於衷
冷眼看：
日出日落
帆來帆去
長江浪，淘盡千古風流人物

潯陽樓
矗立在九派江頭
我登高望遠
江北是畫圖
江南是畫圖
再看看你
分明是一幅工筆畫圖
八〇・一・一五・北投

烟水亭

闊別四十年
我披一身雲烟
回到烟水亭邊

我生於水邊，長於水邊
更愛整座廬山倒臥在浸月亭前
周公瑾在此登台點將
白樂天在此行吟流連
而我反而成了匆匆過客
既不能留在翠照軒
也不能住在純陽殿
想在湖濱結廬歸隱
也無法達成心願

我來了，又走了
闊別四十年
沒有飲你一滴水

也沒有帶走廬山一片雲烟

八〇·一·一五·北投

琵琶亭

詩人白居易跌了一跤
從長安一跤跌到江州

跌得重，跌得深
跌出一首，傳誦
千古的「琵琶行」

讀了白司馬的「琵琶行」
江州人建了一座琵琶亭

我這個倒楣的江州人
跌得更重，更深

一跤跌過台灣海峽
變成了海外遺民

白司馬淚濕青衫
我有淚不輕彈
我的淚
不洒在臺灣海峽
不洒在琵琶亭
只讓它悄悄地
流向內心

八〇・一・一五・北投

黃鶴樓

仙人乘黃鶴來了
又乘黃鶴去

詩人崔顥、李白、王維
坐船來了，騎馬來了，走路來了
又一個個乘輿而去

五十年前
我乘難民列車來了
在如雨的炸彈中來了
幸而我沒有炸死

五十年後
我乘波音七四七跨海而來
比乘黃鶴更快

今日的黃鶴樓更大更高
對岸的晴川閣也矗立雲表
可是我兩眼怎樣掃描
也看不見鸚鵡洲的芳草

長江浪，依舊滔滔
雲夢澤，水天浩淼
橫跨大江
從你腳下添了一座長橋

一樣的江，一樣的橋
你與潯陽樓
不是兄弟就是姑表

我不是乘黃鶴來的
我很想乘黃鶴歸去

八〇・一・一六・北投

華清池

我剛從江南來

進了華清池
又伸手托起江南的垂柳

處處弱柳千條
處處亭台樓閣
而楊玉環在千條弱柳中
搔首弄姿，影影綽綽
李隆基已脫下龍袍
下九龍湯沕浴

我也想試試水滑不滑
我不想享受那種
膚如凝脂的溫柔
只想清洗
一身的風霜
滿懷的隱憂

八〇·一·一四·北投

大雁塔

方形角錐塔
在長安站了一千多年
它的名字是大雁

與西北黃土高原一樣敦厚
與長安人的面貌一般質樸
而那位沒有被盤絲洞的
女妖精和白骨精吃掉的
細皮白肉的唐僧
卻端坐在塔內翻譯梵文
在中土兩朵燦爛的花旁
再種植一朵印度的精英
三朵花開得

不一樣燦爛
卻同樣迷人

登上了大雁塔
自然會懷念那位
細皮白肉的唐僧
移花接木的出家人

八〇・一・一四・北投

秦始皇陵

這不是墳墓
是一座人造山
嬴政，在山下
睡了兩千多年

你的功過

早已寫進歷史
是對，是錯
你已無法辯白
因為你站不起來

你帶著中國最大的秘密
睡在驪山腳下
兩千年後的考古學家
還不敢把這個大秘密揭開
他們生怕你突然打個噴嚏
把他們活埋

八〇・一・一四・北投

秦俑

通過時光隧道
我又回到了秦朝

秦朝，這個威靈顯赫的王朝
嬴政一彈腿，便橫掃千軍
一張口，便併吞六國
統一天下

強悍的匈奴
抱頭向西北逃竄
南方的閩、越
也一個個臣伏
無論是秦是楚
或燕或趙
都寫一樣的文字
車子，也走同樣的軌道

萬里長城
創造了人類的奇景

可惜啊！雕梁畫棟的阿房宮
被南蠻項羽
一把火燒得片瓦不存

這兩百一十位弓箭手
組成的前鋒
六千鎧甲
組成的三十八路縱隊
還有堅強的兩翼和後衛
是鋼鐵一般的方陣
而武士們一個個
都比我強壯高大
天下無敵，叱咤風雲

秦朝，就在你們手中
旋轉乾坤，顯赫威靈
八〇・一・一四・北投

鳴沙山

遠古的風，將
滾滾黃沙，吹成
一條四十公里長的
虬龍

虬龍
弓起背脊
讓人類測量紀錄
高，兩百五十公尺

虬龍
立在攝氏四十度的
陽光下，閃著
紅、黃、綠、白、黑

五種顏色

一個古老的傳說
人類曾在這兒廝殺
老天震怒，大吼一聲
黃沙便遮天蓋地而來
將好戰的人完全埋沒
而幾千年來
還隱約聽見
戰馬嘶鳴，金戈相擊

幾千年後
紅男綠女
騎上虬龍的背脊
向夕陽歡呼
我是跨海而來的
古稀愛山人

突破了友人的禁令
從一百多度的背面
仰攻山頂

暮色蒼茫
我獨立山頂
風聲呼呼
黃沙撲面
我無驚恐，亦無喜悅
前面還有一座
沒有頂的高山
等著我爬上去

八〇·一·一三·北投

月牙泉

沙山環抱

一泓清水如蛾眉月
沙填不滿
水永不涸竭
鐵背魚、七星草
是長生不老藥

只是寺廟毀了
亭台樓閣消失了
詩人不再吟詠
美人不再攬鏡
黃沙、夕陽、明月
是那場浩劫的證人

而你則以一隻
清澈的鳳眼
觀照芸芸眾生

古人和今人

八〇·一·一三·北投

千佛洞

樂僔和尚突然看見了
三危山頂的萬道金光
便在這座崖壁上
開鑿了第一個洞窟

婀娜多姿的飛天
雍容華貴的公主
以及怒目金剛
和笑瞇瞇的彌勒佛
都在洞中會合

從前秦縱貫一千年

橫跨十六國
中華民族的智慧與心血
一點一滴，一洞一洞
在崖窟上凝結
要是開個畫廊
長可四萬五千公尺

萬里長城是屍骨築成的
而這座藝術長城
則是心的堆積

八〇・一・一三・北投

半坡遺址

彷彿走進時光隧道
我剛下波音七四七
便拿起新石器

嘉峪關

六千年前
我也是從這圓形泥屋出發
只是走得太快太遠
一下子遠離黃土高原
跨過了台灣海峽

當我穿著意大利製的西服
再回到半坡故居
端詳著那些骨針、陶甑
我還似曾相識
只是當年那披著熊皮的戀人呢
大概是跳狄司可去了
不見踪跡

八〇・一・一三・北投

祁連山白雪皚皚
黑山起伏連綿
玉液瓊漿的九龍泉
是千軍萬馬的生命線

征虜大將軍馮勝
在河西沙漠建立了
天下第一關

嘉峪關
沙漠中的銅牆鐵壁
河西走廊的瓊樓玉宇
中華民族的智慧
七百年前就超過了電子計算機
巍巍雄關落成日
只餘一塊磚石

萬里長城寫下了
中華民族的磅礴氣勢
嘉峪關的一塊磚石卻寫下了
中國人的巧思

八〇·一·一六·北投

頤和園

愛新覺羅，集中了
中華民族的智慧
建造了
一座人間樂園
勝過了
猶太神話伊甸
昆明湖，水天遼闊

萬壽山，氣象萬千
十七孔橋，長虹貫日
佛香閣，睥睨大千
聽鸝館，鶯聲燕語
大戲台，離合悲歡
老佛爺一樂
便身在九重天

可維多利亞
建造了
　無敵艦隊
建立了
　日不落帝國
也毀了

中國的伊甸

而那拉氏

不要艦隊
用白花花的銀子
堆成了頤和園

維多利亞
將大英帝國
推上了世界頂尖
那拉氏卻將
五千年的中國
摔進了深淵

兩個女人改變了
兩個世界
但她們在人類歷史上
只寫下兩個字
公與私

八〇·一·一三·北投

重登黃鶴樓（有序）

民國戊寅年（一九三八）七月，余投筆赴武昌從戎抗日，時日機連日兼旬大肆轟炸武昌，死傷慘重，余幾罹難。八月二十二日以錄取新生身份，赴南湖營房報到入伍，適日機甫肆虐後離去，斷瓦殘垣，血腥遍地。余若早到二、三十分鐘，又生死難卜矣！

民國戊辰年（一九八八）八月二十二日，余自台北返鄉探親，恰於是日午後乘機降落武昌南湖機場，親人迎接之際，忽憶五十年前往事，恍如一夢！不禁感慨萬千。九月返台後爲文紀念，成「重登黃鶴樓」七律一首，以附文末。詩如後：

劫後重登黃鶴樓，
雁聲啼過楚雲秋。
少年投筆頭堪斷，
老大還鄉淚不休。
紅蓼白蘋誰復見？
長江漢水自東流。
五十年來如一夢，
煙波深處總關愁。

大屯小唱

大屯小唱(組詩)

秋聲 有序

我居大屯山下，屋前後有院，後院更臨貴子溪支流，每逢春夜，溪中蛙聲如鼓，秋夜室內蟋蟀輕吟。久居臺灣，幾忘時序，不知春秋。每年突聞嘓嘓——嚁嚁之聲，往往先爲之一驚，繼而欣喜莫名，幸未墮萬丈紅塵也。

在兩點一線之間
拋來拋去
人真變成了一隻梭子
永遠會不到「妙思」

連小說中的漂亮女主角
也被汽車後面的那股黑煙
改變了臉譜

突然聽見你的「嚯嚯」
我更怵然心驚
啊，這是秋聲賦
　不是青春行
我的白髮不知又添了幾根

但我愛你這位秋夜的行吟詩人
更勝於那春天的鼓手
正如我不再憧憬那如火的戀情
只想有一位知己細細談心
在我遠行之前
撒出滿天智慧之星

大屯山之霧

大屯山撒下了天羅地網
在我前後左右撒著一片迷茫

天女以纖纖玉手
撒下五彩繽紛的花朵
你卻以巨靈之掌
撒下一片霧的汪洋

天女是溫柔而善體人意的
她撒下的是愛情和安慰
你卻是一位不解風情的莽夫
你撒下的是滿山的恐怖和迷糊

我以手杖叩響山中的小徑
兩眼透視灰色的疊疊層層

千萬休欺我踽踽獨行
我心中點著一盞明燈

我是從黑夜走過來的

我的心燈會照出你的原形
我的心燈勝過億萬支燭光
縱然天翻地覆
星球發生互撞
我也不會迷失方向

我從何處來
我仍然會回到那個地方

中秋雨中吟

昨夜通宵雷雨
今朝滿山雲霧

迎著陣陣風，密密雨
登上高山，披著雲霧

不是失意，也不是逃避什麼
無得無失
我與天地渾然一體

不作詩人狀
舉杯邀約明月
不妄想明月作我的知己
李青蓮的詩魂
已乘著金馬車遠去
我不會蹈水捕月而死

慣在山中聽著自己的跫音
輕吟陳摶的「野花啼鳥一般春」
因此我也不會寂寞
一傘、一杖、一個揹包
無恩無怨、無愛無憎
它們是我最忠實的伴侶

任它紅塵萬丈、粉黛三千
我只欣賞秋山秋雨

雨以銀亮點綴翠綠
一塵不染
山以沉默代替千言萬語
和那億萬年也說不完的心事

我自風雨中來
仍然走向風雨
走向雲霧

庚申中秋北投

不動瀑布

是誰一劍將大屯劈成兩半
傲岸的大屯傷心地哭泣

她以千萬年的眼淚
匯成一股流泉
沿著懸膽鼻奔騰而下

她暗自落淚，羞於見人
兩邊峭壁千仞
中間一條曲徑
護身的是密如蛛網的
綠色長春藤
如果你不細心
真難發現這位以淚洗面的美人

不食人間煙火
六根清淨
出塵絕俗
台北的花花世界
她毫不動心

山之禮讚

山之禮讚（組詩）

一、序曲

太平洋上的一群潑婦
能使波平如鏡的大海
　突然發起羊癲瘋
幾十萬噸的油輪
　大跳曼波和扭扭舞
鋼筋水泥的華廈高樓
　頃刻之間變成廢墟
千年古樹連根拔起

唯有你
無視於潑婦們的披髮猖狂

巍然矗立
像個不憂不惑不懼的大丈夫
山，是你的名字

你像個大傻瓜，不言不語
你永遠守住一個崗位
一個點、一個面、一寸不移
永遠不會改變主意
　今天東，明天西
不像那嘮嘮叨叨
　甜言蜜語，搔首弄姿
　朝秦暮楚的蕩婦——流水
你坐看白雲披著輕紗悠閒地散步
以及她們突然淚眼婆娑地哭泣
你靜聽畫眉、百靈千迴百囀的花腔

松林的噓噓的口哨
鴟梟的嘎嘎哀鳴
而你一如老僧入定
自古到今

可是你偶爾輕咳一聲
便鳥飛獸奔
使她們落魄亡魂

鶴嘴鋤天天向你敲詐泥土
無損於你的偉大
登山隊在你頭上踐踏示威
也不能降低你一絲一毫的高度

路轉山不轉
無論從那個角度探你、看你
你還是你，始終如一

二、大屯山

我透過書房的小眼睛
望著你頭顱上天天覆著一大朵雲
或如少女的闊邊的白草帽
或如小山東麵館的爛桌巾
當你戴著闊邊的白草帽
我知道今天的天氣是——
晴時多雲
當你像印度阿三纏著烏黑的爛桌巾
我知道今天的天氣是——
陰偶陣雨
不像我們的氣象台老是那樣含糊
今天的天氣是——
晴時多雲偶陣雨

以我一七〇公分的高度
長年瞻仰你一〇八〇公尺的頭顱
自然十分辛苦
我不會站上希爾頓的樓頂
狂妄地說：現在我比你高
因為我不是現代狂人
我心裡有一個古老的
　探索天地人的時空關係的計算標準

今年第一道冷鋒光臨臺北的早晨
我作了你的第一位來賓
我從你的腳下爬上你的頭頂
雨似箭，風似利刃
雨以穿心的箭簇圍攻我
風以橫掃千軍的利刃說聲「歡迎」
但風雨嚇不倒我
自然更嚇不倒你這位

沉默了幾十億年的巨人

我立定腳跟
　撫摸你茅茸茸的頭頂
一任風狂雨驟
你不作聲，我也不作聲
我只有一甲子的年齡
你卻有四十多億年的壽命
我要學學你的剛毅和堅忍
沿著三百六十度的弧線
　運轉不停

三、面天山

你是大屯山的孿生兄弟
你們都有同樣的圓頂
松、柏、榆、櫸，一棵不生

甚至連相思樹也不長一根
而你滿頭蓬鬆的黃髮
卻像一位遲暮的美人

你是一座最好的瞭望台
立在你的天靈蓋上
可以看清大臺北的每一條大動脈
紅毛城、白沙灣、濱海公路
以及臺灣海峽的滾滾波濤
那一條條長浪
　彷彿一條條青龍弓起的背脊

你面海而坐、面天而立
你頂天立地
而我席地而坐
立地頂天

四、向天池

你是臺灣最早的噴火女郎
你將億萬年的熱情
一口噴出，衝天而上
我彷彿還聽見那轟轟的巨響
看見那紅紅的火舌

而我慕名而來時
你的萬丈熱情已經熄滅
　靜如淑女
我也不是情竇初開的十八歲

你是混沌初開時的古蹟
恬靜地臥在向天山之巔
有時是一泓清水
有時是芳草萋萋

我也過了一個生命周期
看夠了花謝花開、月圓月缺
早將萬丈豪情付於流水

愛獨自在山中躑躅
在跳扭扭舞的時代
我們都是不受歡迎也不動心的

五、七星山

在臺北的群山當中
你的名字是響噹噹的
但我卻最後拜訪你
我從天下第一名山來
我向來不被虛名所惑
我來看你是想知道你
　有沒有脊骨

你比大屯、面天、向天諸山更高
你是山中老大
孔子登泰山而小魯
我也登七星而小臺北

你是大臺北的守護神
你一臂撐天
　擋住了來自太平洋的群妖
你是大臺北的第一道防線
由於久經風霜
你顯得更加蒼老蕭條
也更顯出幾分孤傲

我不嫌棄你的蒼老蕭條
我更愛你那幾分孤傲

己未年甲戌月丁亥日初稿於臺北

植物風采

植物風采（組詩）

神木

在原始森林裡你最原始
你見過堯天舜日
你伸手直摩雲天
你和星星月亮長夜細語

你忍受了幾千年的
風、霜、雨、雪
閃電霹靂
你沒有垂頭喪氣
一仍昂首矗立

你給我們一個啓示——
活著就是向上的

松

你生於寒帶
　生於高山之脊
迎接狂風暴雨
迎接雷霆冰雪

你的生命裡只有春天
你的針葉四季常綠
你在那裡那裡就有生命
你在那裡那裡就生氣勃勃
你鱗形的皮膚堅於鐵石
你每一個細胞都是防腐劑

你永遠不會腐敗
　不會從中心爛起
而且你也具有偉大的詩人氣質
明月清風之夜
你會龍吟細細
狂風暴雨來時
你會豪情激勵松濤起伏
那嘯聲也是懾魂奪魄的
你不是在温室中長大的
你是寒帶喬木

竹

萬物都很自滿
唯有你是虛心的

謙謙君子

你臨風搖曳
從容有致
不徐不急
不亢不卑

月白風清之夜
你是個抒情詩人
輕輕吟哦曼妙無比
同時你也是一位丹青妙手
投影於地
便成一幅最美的構圖

蘇東坡說：
無肉令人瘦
無竹令人俗

我說：
寧可無肉
不可無竹

梅

漫天風雪
深山寂寂
萬木蕭蕭時
你卻繁花似錦
　清香凜冽

你是不參加春天的花展的
你不和天桃冶李爭芳
　不和牡丹芍藥賽美
在全世界顫抖於嚴冬的日子裡
你卻以一身清香獨自抗議

蘭

你是花中王者
香在幽谷

你是隱士
有不被人發現的喜悅

菊

我是陶淵明的同鄉
你是陶淵明的知己
紅粉早已飄零
你卻頂一盞金黃
盛開於九秋的竹籬

我不是酒徒
看見你的冷落
卻有幾分酒意
很想陪陪你

己未年乙亥月戊申日初稿於台北
原載中央日報中央副刊

動物群相

動物群相（組詩）

甲、神話篇

龍

你深藏於淵
與魚雜處
沉潛水底
而人不識

你乘雲而起
駕霧而升
上飛於天
而肉眼莫見

縱然你偶爾一現真形
亦見首不見尾
見爪不見鱗

你不是呆頭呆腦的恐龍
也不是牠們的兄弟
你是中國的神物
天人之間的媒體

乙、走獸篇

一、獅

你頭大如斗
力大如牛
髮亂如麻

你是猛獸中的披頭

你大吼一聲
山鳴谷應
鳥飛獸奔
而你卻漫不經心
踽踽而行

你強取豪奪
不懂憐憫
你一撲一擊
就奪走一條生命
飽餐之後
便張大血嘴
打個呵欠
伸伸懶腰
就地一滾

然後睡意沉沉

你是百獸之王
你在夢中都不必擔心
有誰敢對你不敬

二、虎

你滿身斑爛
像個花花太歲
你在山中自立為王
你是森林中的自然寨主

你昂首闊步
虎視眈眈
你像古羅馬的尼羅王
法蘭西的路易士

你沒有扈從
你是真正的獨夫
連你踐踏過的草木
你的子民們都退避三舍

你一聲嘯，一山伏
你的名字是老虎

三、豹

雲從龍，風從虎
你卻沒有任何通知
迅如閃電
來去無聲無息

你是森林中的浪子
一身窈窕輕佻

你以金錢作服飾
向世界炫耀你的財富

百獸之王雖比你強
有時還難免撲空
而你只要盯住了對象
絕無一個逃脫魔掌
你雖無獅望虎威
卻是獸國的最兇殺手

四、象

你在世界上創造了一項奇蹟
誰也沒有你那隻又大又長
　　又富有彈性的鼻子
你的噸位也是獸國第一

但你不凌弱小，不畏強暴
你是雍容大度而又正直的君子
而你一旦遭受迫害
你會四蹄擂地如鼓
弄它個天翻地覆

五、熊

不論你是衣白裘
或者穿黑禮服
同樣像日本的相撲武士
你步履蹣跚
行動遲緩
卻是獸國的角力高手

你雖然四肢發達
而頭腦卻十分簡單
因此在生死戰中
你往往落入敗部

六、狼

你是出了名的惡棍
憑著你的智慧與合群
在虎視眈眈之下
你依然到處橫行

獵人都想吃你的肉
　　寢你的皮
但千萬年的鬥爭
人類仍然不能將你消滅

狗是你的堂兄弟
但牠早已被人類馴服
而你仍然逍遙於山林
君子不得而親
大王不得而臣

七、狐

一到雪天
人類就會想起你
想得到你身上的那張皮
你也是出了名的狡猾
鬥智不鬥力
誰也鬥不過你
據說你還會變化

既可變成白鬍鬚的老翁
也會變成十七八歲的嬌嬌女

自稱萬物之靈的人類
往往被你大加戲弄
你的法寶是
一個「財」字
再加一個「色」字

八、犬

不論你屬於那一家族
　那一譜系
你們都有一個共同美德——
忠實

你不但忠於朱門

也忠於要飯的
誰是你的主人
你就對誰死心塌地
主人踢你一腳
你仍然對他頻頻搖尾

你創造了許多可歌可泣的故事
可是從來沒有人送你一塊匾
替你立一個碑石

九、豕

不論你是藍斯、約克夏
或是本地的黑毛
都長得肥頭大耳
一副福相

美中不足的是
你的智商太低
因此酒席中
永遠少不了你

你的身價決定於人類的胃口
瘦子需要你進補
胖子嫌你油膩
因此你的身價時高時低

如果人類都長得像你
你便一文不值
如果你長得像人類一樣
你便會操刀改寫人類的歷史

十、牛

人類總愛在你頭上
寫個大「笨」字
卻忘記在你身上
寫下「忠厚」、「辛勞」

你力大於獅虎
卻從未以力欺人
你兩角亦利於虎爪獅牙
卻甘心臣伏於牧童的鞭下

你吃的是草
擠出的是奶
你大大有恩於人類
而人類卻回報你以屠刀
你卻永不會向蒼天要求公道

十一、馬

想起項羽就會想起烏騅與美人
關雲長與赤兔亦不可分
你是英雄座下的寵物
郎世寧筆下的神駿

係長髮飄飄
四蹄飛揚
引頸長嘶
絕塵而去

你是草原上的驕子
塞外英豪
無論你走到那裡
你都會用四蹄寫下

矯健、豪邁、洒脫
你行在天空
藍天也會被你踏出
一朵朵雲彩

十二、鼠

你賊頭賊腦
一身灰毛
在陰溝裡出進
偷偷摸摸，不敢見人

你那對小眼睛
滴溜溜轉個不停
你從來沒有做過一件好事
偏偏百子千孫

我寧可和獅子老虎打交道
可不欣賞你這副德性

十三、貓

不論你是來自波斯的貴族
或是黃、白、黑、花
都會討好賣乖
咪妙善媚

你柔軟如綿
　身輕似燕
　來去無聲
最妙的是你的瞳孔
還可以分出子午線

本來你是捕鼠的

可是如今你養尊處優
反而把老鼠當作朋友
早晨你躺在女主人的被臥裡
　撒嬌使媚
晚上便又在別人懷裡妙咪妙咪

誰給你一隻魚頭
你就變成誰的玩偶
你的字典裡沒有恩怨親疏

十四、兔

你以兩顆最美麗的紅寶石
向世界炫耀你的智慧
你以兩隻豎起的大耳朵
表示你敏銳的聽覺
你以一身雪白的大禮服

宣告你出身高貴

可惜你太膽小而懦弱
小公雞也啄得你團團轉
你是銀樣蠟槍頭
紳士們下酒的野味

十五、猴

想來想去
只有你是人類的近親
但你的身手遠比人類靈敏
你也能直立而行
而且能倒掛金鈎於萬木森森
跳躍於蒼松翠柏的尖頂
你也有模做人類行為的天性

人類騎著駿馬在疆場馳騁
你也騎著小黃狗在廣場飛奔
人類以你取樂
你卻愛聽人類的掌聲
人類害羞時自然臉紅
你卻雙手蒙臉
　臀部飛上兩朵紅雲

看見有人登上帝王寶座
你也眼紅心熱
急著穿上龍袍玉帶
儼然王者

可是你始終沒有學會
人類的花言巧語
你只會猖猖吱吱
因此你還是一頭走獸

——屬於靈長動物

丙、飛禽篇

一、蒼鷹

你一飛衝天，直上青雲
你在藍天寫著豪情
你穿雲而上，俯衝而下
迅如閃電流星

你不是職業歌星
你偶爾高歌一曲
卻格外悠揚動聽
你唱的是道地的
藍天白雲

你俯視大千世界
目光炯炯
在三百六十度以內
一切飛禽走獸無所遁形

你嘴如金鈎，爪似利刃
你是空中霸王
森林中的騎兵
你的名字是
食肉的蒼鷹

二、鸚鵡

你的服飾彩色繽紛
伊麗莎白一世
法王路易士的妃嬪
再加上中國帝王的三千佳麗

也沒有你這樣豔光照人

你是宮廷的嬌客
閨房的知己
你能言善道
報憂亦報喜
你往往無意中洩漏了天機
於是那繽紛的彩色
立刻變成落葉遍地

三、黃鶯

陽春三月之晨
你披著一件閃亮的黃色披肩
穿梭於綠葉蓁蓁的樹林
這是江南之春
而你是春天之神

你是票房價值最高的女高音
你的歌聲響遍了大江南北
你唱回了老奶奶的青春
連大笨牛、小黃狗、黑母豬……
都歪著脖子傾聽

你毋須恩客為你編織后冠
你毋視於人間的一切榮譽
那蓁蓁的綠葉
配上你黃色的披肩
就勝過帝王的加冕

四、畫眉

是誰替你畫上兩道白眉
是造物者

還是閨中膩友

你是山林中的浪蕩子
少年不識愁滋味
朝朝暮暮炫耀歌喉
而且又愛爭風打鬥

匹夫無罪，懷璧其罪
因為你能千迴百囀
偏偏又好出鋒頭
因此你便墮入鳥媒的陷阱
永遠失去自由

五、雲雀

你是雲中仙子
高歌在白雲的頂端

草長鶯飛季節
你們便在藍天舉行
萬人大合唱的音樂會
你們的磁性歌聲
完全是中國金石絲竹的奏鳴
沒有半點西洋管樂的噪音

你們小巧輕盈，歌舞雙絶
是第一流的梅派青衣
你們的金嗓子最富有水音

很久很久了
沒有參加你們的音樂會
有朝一日重返江南
我會打扮成
有幾粒青春痘的二十歲
坐上第一排的第一個座位

己未年乙亥月丁未日台北

前十九首原載「新文藝」月刊
最後「畫眉」、「雲雀」二首刊於「秋水」詩刊

歐洲心影

歐洲心影（組詩）

羅馬之雲

是歡迎我這自東方連夜飛來的遠客嗎
你從愛琴海一路鋪著白色的氍毹
直鋪到古羅馬的上方

是怕我閱讀古羅馬的興亡史
還是怕我親眼看見
兩千年的人世滄桑
看哪！雪白的氍毹越鋪越厚
使我看不見叱吒風雲的安東尼大將
和荒淫暴虐的尼羅王

地中海的浪花沒有你這麼白
故國平原的積雪也沒有你這麼厚這麼輕柔
是誰的妙手掬起一海的蔚藍
灑成羅馬上空漫天的輕柔的雪白的雲霧

我真想破窗跳出波音七四七
在羅馬上空作一次凌晨的孤獨的漫步

六六年三月於翡冷翠
中央日報副刊

羅馬之松

以亭亭之姿
撐著翠綠的傘蓋
挺立在露天劇場
挺立在安全島上
挺立在羅馬的市區中央

看過穿開襠褲的凱撒
看過騎竹馬的安東尼大將
也看過火燒羅馬的尼羅王
而他們的白骨早已化成羅馬的泥土
只有你們仍然挺立在羅馬街頭
以亭亭之姿撐起滿街的翠綠

也許拜倫患了色盲
也許羅馬正起著大霧
當他騎著毛驢巡行市區
他把你們當作柏樹

我是乘著波音七四七拜訪羅馬的
我是坐著飛雅特巡行市區的
我也用兩腳細數過羅馬的青石地
我以中國人的身份

向你們說聲：「了不起！」

六六年三月於翡冷翠
聯合報副刊

翡冷翠的女郎

歐洲文藝復興發祥地的英文名稱是佛羅倫斯(Florence)，義大利文則為 Firenze，徐志摩譯為「翡冷翠」，音義均佳。翡冷翠位於義大利半島中部，介於羅馬與米蘭兩大城市之間，不但是義大利的文化藝術中心，也是歐洲的乃至世界的藝術之都。是詩人但丁 (Dante)、義大利繪畫之父西馬表 (Cimabue)、吉奧圖 (Giotto)、建築家雕塑家阿爾諾發 (Arnofo)、安德烈・皮沙諾 (Andrea Pisano)、董納特羅 (Donatello)、馬賽克西奧 (Masaccio)、以及蓋世天才米蓋朗基羅 (Michelungelo)、波蒂賽理 (Botticelli)等大師的家鄉，真可以說「地靈人傑」。世界上沒有那一個國家的那一個地方出了這麼多舉世聞名的詩人、藝術家。

阿爾諾河水 (Arno River)不但培養了許多大師，也孕育了更多的美人。達文西（也是翡冷翠人）的蒙娜麗莎，畫的就是翡冷翠的女人 Mona Lisa，波蒂賽理的「維娜斯的誕生」(The Birth of Venus)，也是翡冷翠女人的造型。如果沒有那麼多的美女，詩人、作家、畫家的靈感就會枯竭，舉世聞名的傑作就不會產生。美女在凡夫俗子的眼裏只能見其色相，而詩人、作家、藝術家卻能看見她們的內心世界，因此只有在詩人、作家、藝術家筆下、刀下的美人才能永生。

英國劍橋國際傳記中心特選擇翡冷翠作為第三屆國際文藝交流會議的地點，也是獨具匠心。會期一週我成詩三首，枯竭多年的靈感，亦拜名城之賜而曙光一現。

你們不是Botticelli筆下的
維納斯的形象
Botticelli的天才
也不能使維納斯在翡冷翠的廣場徜徉
妳們會笑會跳，秋波一轉
便寫出一首羅曼蒂克的詩章

（妳們也不是男人的肋骨造成的
妳們和男人一樣是秉天地靈氣同時而降）
阿爾諾(Arno)河水
使妳們俊俏的臉蛋白裏泛紅

翡冷翠蔚藍的天空
使妳們的眸子更藍更亮
灰色的狐皮大衣襯托出妳們的俏模樣
黑色長統馬靴踏在方形的青磚地上
敲出一陣陣悅耳的鏗鏘

山姆叔叔不願出錢供養妳們（註一）
他說妳們愛吃愛喝
又愛穿狐皮大衣和長統馬靴在街頭遊蕩
我看妳們寧願餓死
也要歪在彩色大理石堆成的大教堂門前的石階上晒晒太陽

來這兒開會的博士教授們
似乎對妳們也不會欣賞
他們不是但丁，寫不出神曲
也不是我們的商隱小杜
到死也擠不出半首錦瑟和一字輕狂

尤其是那位眼睛長在頭頂上
蓄著一圈絡腮鬍子的
來自新大陸的史太林（註二）
我敢斷定他是百分之百的現代空心佬倌
他翹起屁股走路，眼睛看在天上
縱然妳們和他摩肩而過
他也視而不見，聽而不聞
這不是妳們的悲哀
這是現代盲人對藝術珍品的大不敬

墨索里尼能使義大利的年輕男人穿上戎裝
卻不能使妳們變成潑婦模樣
但願另一隻向妳們伸過來的魔掌（註三）
也不能扭歪妳們比維納斯更多彩多姿的形象

六六・台北　新文藝月刊

註一：義大利屢次向美貸款均未成功。

註二：美國代表（Mcilhany, Sterling）。會議期間各國代表對我們均極友善，獨此人心存敵視，最後各國代表均不願與他交往。

註三：義大利共黨猖獗，罷工、示威，經常發生，一如勝利後我國大陸情形。但義大利勞工保險制度甚佳，人民不愁失業，不愁生活，而而且愛好自由，厭惡共黨。但工會操在共黨手中，因此共黨仍能興風作浪。

翡冷翠之柳

陌上岸邊
偶爾佇立著
一位飄著綠色長裙的妙齡女郎
臨著一池春水
顧影自憐
或是迎著微風
披拂著滿頭秀髮
是難耐馬可孛羅去世後的寂寞呢
還是懷鄉病使你落落寡合

我是來自你故國江南的遊子
我見了你驀然驚喜
如果不是怕滿車的碧眼兒取笑
我真會跳出車廂和你擁抱

你真的不認識我嗎
不認識這來自故鄉故國的親人嗎
你見了我為何仍然默默無語
是怪我不能將你帶回故國
帶回風光更勝翡冷翠的江南嗎
啊，綠衣女郎啊，我也不願長久流浪
我和你同樣想念著故鄉泥土的芬芳

六六·台北　新文藝月刊

註：傳說義大利的麵、餃子、柳樹，係由馬可孛羅自中國傳入。馬可孛羅是中義文化交流的功臣。郎世寧更是入中國則中國之。翡冷翠是歐洲文藝復興發祥地，義大利藝術家能向中國認同，豈偶然哉？

塞納河

你的大名早已流傳中土
為了認識你的真面目
我從羅浮宮走到艾菲爾鐵塔
在你的兩岸打了一個來回

早春三月，寒氣逼人
兩岸的梧桐、榆、櫸還沉睡未醒
河中的豪華遊艇也無人問津
更看不見一位畫家將你收入丹青
只有我這個異鄉人獨自行吟
金碧輝煌的建築、整齊的堤岸
使你成為一位盛裝的巴黎婦人
自然比臺北的淡水河高貴驕矜
但比我家門前揚子江的浩瀚、壯闊、樸實

最少遜色八分
我承認你是一位巴黎的貴婦人
但你唬不倒我這個生長在揚子江邊的異鄉人。

六六・台北　新文藝月刊

台北輕吟

台北輕吟（組詩）

台北的黃昏

凝聚了億萬年的銀河星群
忽然一下抖落在台北街頭，抖落在市中心
我便以肉眼發現新的銀河，和它的五彩繽紛

車如甲蟲人如蟻
人蟻從那灰色的鋼筋水泥的火柴盒中傾巢而出
又一波一波地鑽進甲蟲的大肚皮
甲蟲又一個頂著一個從斑馬身上緩緩爬過

一根根的水銀燈柱可不是維也納的森林
台北街頭沒有那麼悦耳的鳥聲

那幾乎震斷每一根大腦神經的
是人蟻的唧喳和甲蟲的尖著口器的叫鳴

那揮舞著手杖在衡陽路漫步的日子呢
那趿著呱噠板在西門町踢拖的日子呢
哦，那彷彿是老聃莊周的時代了
而此刻在我們上空閃過的
不知道是那一個銀河星系的外太空船

明天我們該繞過太陽軌道
上織女座的那一個星球呢

（民國六十四年乙卯立冬初稿）
中華日報副刊

六月之荷

一池的粉紅
一池的翠綠
盈盈的花朵，田田的葉
組成一季最美的構圖

何處借來畫家的丹青
何處偷來詩人的彩筆
以一池清水作底
描出岸的曲線
少女的情懷
冰清玉潔之姿

昔日愛以彩虹作橋
摘取織女座星星的少年詩人
如今快成南極仙翁了
面對著千朵萬朵的粉紅
千片萬片的翠綠

非但不能吟詩千首
反而躲進宇宙黑洞沉思

六七・六・台北　聯合報副刊

後記：與艾雯、潄菡、繁露蕭漁夫婦，在植物園歷史博物館小聚，憑窗賞荷，得閒雲野鶴之趣。適畫家何懷碩夫婦舉行書畫聯展，懷碩賢伉儷移玉相見，晤談甚歡。

花甲之歌

不憂不惑不懼
樂山樂水樂天
——花甲自壽聯

一個甲子六十年
地球自轉了二萬一千九百天

我生於一、生於一個圓
我繞著這個圓
走了六十度的空間

六十度的空間
有四十度的頓挫和驚險
我之沒有被震出這個圓圈之外
消失於外太空中間
那是由於生命能量的充沛
和生命結構的均衡
再加上天乙和文昌二星的維護和牽引

六十度的空間
沿著弧線一路翻滾
在我自己的軌道上
留下憂患斑斑的腳印

一個腳印一滴血汗
一個腳印一個音符
沉鬱的樂章中自有昂揚的歌聲
進行曲也有小夜曲的輕吟

跨過了六十度空間
我以小白駒子的心情
躍進第二個六十度空間

第二個六十度空間
是六十個春天
這兒有一片桃紅柳綠的大草原

然後我將掌握圓的運行法則
繞著三百六十度空間不停地轉

跋：余生於庚申年壬午月乙未日庚辰時，己未六十虛度，中國習俗作九不作十，實有至理。蓋生命起點不在哇哇墜地，而在陰陽合一之頃刻間也。余向不重形式，因於生日獨自登山自勉，並撰「不憂不惑不懼，樂山樂水樂天。」聯，以迎第二花甲也。

無題

少年時
愛以藍天作稿紙
以楊枝作彩筆
在大草原上寫著比自己還大的字
而那些字沒有一個人認識
有人說那是詩
有人說那是少年的夢
少年心中的秘密

中年時
卻困在小小方格裡
蘸著心中的血

寫著蠅頭小字
有人說那是中年人的眼淚
中年人的故事

如今，兩鬢斑斑
再也見不到藍寶石似的天空
再也見不到一望無際的大草原
和那池邊垂柳，岸上綠楊……
詩也罷，夢也罷，故事也罷
都成了水中月，鏡中花

誰能向海底撈月
鏡中採花

往日的少年
突然舉起整瓶的「派克」
砸向那滿紙的密密麻麻

讓它變成一幅天知地知而人不識的現代畫
一首只能寫在心中的詩

己未年癸酉月壬午日台北
原載「秋水」詩刊

龍泉低語
——送子豪兄骨灰安窆龍泉墓園

民國二十八年八月，子豪兄和我同在重慶沙坪壩中央訓練團新聞研究班第一期接受新聞專業教育，畢業後又同時分發東戰場從事戰地新聞工作，並為新詩貢獻心力。來台後有幸重聚，我繼續寫詩，並先出版「自由的火燄」，其時子豪兄尚未發表詩作。我拜讀過他的「海洋詩抄」原稿後，一再敦促他重揮彩筆，他終於同意。「海洋詩抄」出版後，譽滿詩壇，從此他又為台灣詩壇播種。中華文藝函授學校新詩班，他貢獻尤多。他創辦「藍星」詩刊後，無暇兼顧新詩班，新詩批改工作遂由我承乏，直到函校移轉盧克彰兄之後，我仍勉為其難，盧再轉移他人後，我便不再批改，而專心小說創作。

民國五十二年十月十日子豪兄謝世。猶憶他謝世前一年，我曾陪他去摸骨相士仇慶雲處摸骨，仇謂他壽高七十三歲，子豪兄甚喜，我心中則不以為然，因我亦略通冰鑑，知子豪兄非福壽之相，但不便明言，只勸他保重身體，自求多福。果然造化弄人，歲月悠悠，如今子豪兄謝世已十五年有奇矣。

今年詩人節，為子豪兄骨灰安窆三峽龍泉墓園之日，我與張煦本、袁睽九、洪兆鉞諸兄以老同學身份參加葬禮，不無感觸。蓋今年為我新研班同學畢業四十周年，在台同學正籌備慶祝，而斯人已杳，色相皆空。本擬撰文紀念，適「秋水」編者索詩，因以詩應，不計工拙也。

己未年詩人節次日

嘉陵江碧水盈盈
盈盈的碧水
載不動我們抗日的熱情
載不動中華民族的恥辱和仇恨

你是川娃子，我是下江人
基於這唯一的原因

兩顆不同軌道的流星
突然聚合在沙坪壩上、嘉陵江濱

颯颯的西風
吹著嘘嘘的口哨
向我們下達東征的命令
那嘘嘘的風聲
又彷佛一聲聲的叮嚀
在叮嚀中我們告別了多霧的山城
投進東戰場作第一線文化尖兵

生生死死，死死生生
兩顆沒有變成殞石的流星
十年後又相遇在淡水河濱
我瘦骨嶙峋
你臉上也爬滿了蛛網紋
這成了你註冊的象徵

幾次西窗夜話
你的主題總是詩和愛情
而你又只能抓住詩
卻抓不住愛情
那失落了的愛情
卻變成了你最好的詩魂

你微弱的聲音總是若斷若續
高興時也滿臉皺紋
而又淚眼盈盈
我知道這不是福壽之徵

我曾陪你去請教過瞎子仇慶雲
仇瞎子說你是壽星
你又笑得淚眼盈盈
但你少活了二十春

春天的手雖曾輕叩你的窗櫺
但春天總是屬於別人
你是個無福的詩人

你沒有戴過詩人的桂冠
你戴的是滿頭荊棘
你那滿臉的皺紋
卻是詩人的最好象徵

你早走完了人生的旅程
如今你的靈骨也安葬在龍泉
山也青青，草也青青
青山有幸
埋葬一代詩人

最後我想問你
你可曾聽見

肅立在你面前的
諍友的心聲

混成集

一九四二——一九六二

混成集

詩

將思想和情感搭成一座藝術的長橋
讓人類通過那庸俗的泥沼
將血和淚化成靈魂的花朵
這花朵永遠芬芳永遠不凋

四一・八・三〇・左營

寄台北詩人

我像遠航的船兒損失了舵槳
久久地迴旋於這海島的南方
我雖能記牢我出海的方向
怎奈我無力克服海上的風浪

長久的迴旋使我焦灼心傷
我想盡方法仍然不能駛回可愛的海港
有時我真打算棄船另作他想
但我又不能泅過這一片汪洋

遠方的白帆能給我一點希望
但它又像天上的雲兒
飄來飄去，飄來飄去
永遠飄不到我的身旁

那閃爍的北斗我以為是港口的燈光
那銀河星系我以為是你們的群像
我時刻想望挨近你們的身旁
但沒有舵和槳我怎能駛回原來的地方

四一·二·六·左營

雪萊

你駕著「艾利厄爾」駛出了雷格洪的港口
那正是地中海暴風雨將要來臨的時候
在那悶熱的七月的斯培西阿海灣
你把二十幾年的痛苦一次結束

你是一個無神論者
你也反對婚姻制度
你是一切舊禮教和陋習的仇人
因此你敢於和酒館主人的女兒赫里雅私奔

之後你又帶著瑪利哲恩姊妹作了六星期的荒誕旅行
因此你也像拜倫一樣更不能見容於你自己的國人
你愛世人，但世人並不瞭解你善良的心靈
而你的錯誤幾完全出於你的一片天真

你細長的身體終於飄浮到累佐街的海濱
但你臉上手上身上的皮肉已被海中的魚兒完全撕吞
憑著反摺的濟慈詩集和索福克利斯的作品
特累勞尼才認識這具可怕的屍體是你而不是別人

雪萊啊！難道你真是一個不具形體的精靈
怎麼你又有一顆燒不燬的特別龐大的心
是這顆心褻瀆了十九世紀的英國
還是這顆心光耀了億萬年代的英國人

四三・六・二・左營

註：雪萊於一八二二年七月八日溺死於義大利海濱，讀雪萊傳後草成此篇，以資紀念。

未完成的想像

我靜靜地躺在這大廈的長廊
繼續捕捉昨夜未完成的想像
天上的雲兒不知道變化過多少形象
那港口的山頭也由明淨隱入蒼茫

我靜靜地躺在這大廈的長廊
繼續捕捉昨夜未完成的想像
海風已停止她黑貓般的腳步
鳥兒也躲進鳳凰木林中不再歌唱

我靜靜地躺在這大廈的長廊
繼續捕捉昨夜未完成的想像
年輕人已上街坊追求少女
我則苦苦地塑造一個女性的形象

我靜靜地躺在這大廈的長廊
繼續捕捉昨夜未完成的想像
整個週末在我身邊悄悄溜過
女神啊！今夜妳可會輕彈我夢想之窗

四一・八・二四・左營

海鷗

我是一個慣和風浪搏鬥的水手
你是最愛揶揄海洋的海鷗
無論我的雙桅船航行在那個經度和緯度
你總嘎嘎地翱翔在我的前後和左右

風和浪是船兒的轟轟的輪機的伴奏
你嘎嘎的歌聲則是我的噓噓的口哨的伴奏
無邊的寂寞常在我噓噓的口哨中悄悄地溜走
桀傲的海洋也常在你嘎嘎的歌聲中匍匐低頭

在浩瀚的海洋中我們的體積幾乎是同等的渺小
但我們的心胸卻比深奧神秘的海洋更其不可測度
我黧黑的雙臂和你灰色的羽翼都具有無限的彈力
你和我都是征服藍色的海洋的甲級選手

現在我和我的船兒正陶醉地躺在這處女胸脯般的港口
你也剛收斂起你灰色的羽翼棲息在黑色的崖石上頭
啊！什麼時候你再展開你那具有無限彈力的羽翼
和我一道去藍寶石的海洋上遨遊

四三・一一・左營

雲

妳披著白色的披肩
在藍色的天空散步
妳像羊樣的温馴，貓樣的輕盈
貓的腳步無聲，妳的腳步比貓更輕

四四・八・一五・左營

鳳凰木

鳳凰木的花紅得像臘月裡高山上的野火
鳳凰木的葉子美得像美人手中綠色的羽扇
鳳凰木的軀幹又粗大挺直得像一個硬漢
它不聲不響不搖不擺地矗立在我的窗前

我一推開玻璃窗首先就和它打個照面
我坐下來就可以看見它那羽狀的綠葉一閃一閃
我把頭伸向窗外探望它到底有多高
但我看見的是一樹綠葉和綠葉之外的一片藍天

貝絲颱風曾經折斷它覆蔭大地的巨臂
戰士的利斧曾經削平它突出地面的粗根
但它的羽狀的葉子仍然是那麼綠那麼一閃一閃
它的花仍然像高山野火燒紅了綠色的頂巔

四三・五・一五・左營

流螢

田野中流動著千盞萬盞小燈籠
牠們乘著黑夜的翅膀在禾葉尖端流動
你說牠們像萬點繁星閃爍在藍色的夜空
我說牠們像無數的漁火在平靜如鏡的湖面游動

那迎面吹來的是初夏的溫柔的海風
那照亮我騎著單車行走的是這些盞小燈籠
那初夏的溫柔的海風輕輕地吹著我直想入夢
這千盞萬盞小燈籠又引導我飄飄地踏進夢中

我彷彿已經遠離這爭爭吵吵的塵世
我彷彿飄游在無聲的藍色的太空
那點點繁星像頑皮的少女向我抛著媚眼
但我又捨不得遠離這盞盞可愛的小燈籠

你說你特別喜愛那些小星星的跳動
我說我既愛小星星的跳動也愛這些流動的小燈籠

四三·五·左營

燕

想念妳如同想念春天
因為妳和春天有著血統的牽連

想念妳如同想念春天
因為妳飛在春天的前面

想念妳如同想念春天
因為妳把春天帶到我的面前

想念妳如同想念春天
因為妳和春天裝飾了我的心田

想念妳如同想念春天
因為妳把春天佈滿人間

想念妳如同想念春天
因為妳就是春天的春天

蝶

像少女默默含羞
像哲學家低頭剪手
妳癡情地在花心滯留
又像詩人畫樓醉酒

妳五彩的霓裳
該羨煞人間多少閨秀
妳天生的麗質
該激起多少醜婦忌妒

妳翩翩起舞
又勝過古典美人的水袖
妳上下翻飛
實超越好萊塢的銀宮舞后

願風和日麗，花開長久
願妳常在我的花圃停留
請妳不要走
永遠不要走

柳

妳是千金弱質
嫩綠的條枝
像美人的長髮
直拖到地

妳像初解風情的少女
專愛搔首弄姿
妳的明鏡是春水一池
那醉人的春風又為妳輕輕拂拭

妳是那麼温柔懂禮
見人就長揖到地
我生怕妳日久腰痠
我真想伸手把妳扶起

映山紅

像火樣熱烈
妳把全生命
炫耀在一季之中
妳的名字是映山紅

一看見妳
我的心就卜卜跳動
妳火樣的熱情
常使我徜徉在萬山群中

我就愛妳朵朵嫣紅
因為那是青春的喜悅，生之讚頌
妳彷彿一粒燎原的火種
一朵紅而遍山紅

四一·三·二五·左營

附記：南臺灣長年如夏，看不見春之影蹤。特寫小詩四首自娛，以誌故鄉之思。

蜻蜓

像雙翼的初級教練機
髹著黃色的紅色的標記
而你們的編隊真是龐大無比
我的肉眼怎樣也統計不出到底有多少架次

所有的空間都是你們的航線
你們彼此之間幾乎沒有什麼間隔距離
而你們的飛行卻特別平穩而有韻致
你們是否也有我們一樣的交通規則

四四·一二·一四·左營

水仙

在斑鳩的密密的巢穴中
一朵水仙在靜靜地開放

水仙在密密的黑色巢穴中
綻著兩朵雪白的花房

如粉蝶展開兩隻美麗的翅膀
靜靜地停落在黑色的巢穴之中
和水仙的長長的綠色的莖上

五〇·一一·一九·礁溪

青鳥

青鳥從南方飛來
載著春天的消息
載著漫天綠意
落在荒涼的北方
落在冰雪層封的心園

南方的暖流
溶化了北方的冰雪
春水從冰層底下悄悄流過
而青鳥卻不聲不響地飛走了

玫瑰的種子沒有帶來
百合的種子沒有帶來
甚至荊棘亦未曾栽

北方仍然是個荒涼的世界
心園裡沒有鳥叫，不見花開

五一・一一・三・台北

豎琴

穿過第十四道窄門
像位美麗而狠心的少女
悄悄地離我而去

而當你踏著初秋的落葉
輕彈我灰色的小窗
她卻尾隨於你彩色的長裙之後
淺笑輕盈地閃了進來

於是你們以我寂寞的心弦
作為豎琴的長鍵
彈奏優美而感傷的樂章

五〇・一〇・二九・台北

熱帶魚

紅背脊的，花肚皮的
以及和斑馬一般多彩多姿的
熱帶魚群
一個個啣著尾巴游進來
從一百度高温的室外
游進這七十五度的低温帶

游進綠色的棕梠樹下
游進綠色的海藻
選擇那最黑暗的區域
靜止下來，棲息下來
而且把黑色的頭埋下去
深深地埋進綠色的海藻

然後以同類都難聽懂的語言
輕輕地絮語著，傾訴著
鰭與鰭擁抱著
唇與唇喋唼著
而且發射著輕微的音波

我是一尾孤單的淡水魚
偶爾游進這旖旎的熱帶魚區
他們在黑暗的海底喋唼纏綿
我卻清醒地浮在透明的海面
在六百個綠色的方城中
生產一個個藍色的受精卵
然後吐口白色的泡沫
悄悄地離開這熱帶魚區
離開那些紅背脊的，花肚皮的
以及和斑馬一般多彩多姿的
正在發暈的熱帶魚

五〇・七・三〇・台北

兩腳獸

一頭傷心而傲岸的兩腳獸
自囿於都城心臟的小屋

毋視於拔地而起的摩天高樓
毋視於噴著火燄和黑烟的獨角獸
毋視於立於彩雲之上的同類貴族
他兩眼凝視著的是另一個砌著方城的國度

五一·三·二九·台北

F-86

後掠的兩翼
近似三角形的身體

以等音的速度
在藍色的天空
寫著黑色的細長的一字

四四・一二・一二・左營

貝絲

妳的芳名渲染了我彩虹般的幻想
我以為妳是一位美麗多情的女郎

我想妳會像戀人一樣地輕彈我關著的門窗
然後又輕盈地飄進我靜靜的書房

我想妳會和我一邊輕輕絮語
一邊慢慢翻閱我案頭的詩章

我想妳的造訪會使我詩思如潮湧
妳的造訪會使我格外年輕倜儻

但我沒想到妳竟是一個美麗的魔王
妳有蕩婦卡門般狠毒的心腸

一開始妳就非常潑辣鹵莽
沒有半點女性的溫情和善良

我聽見妳充滿憤怒和嫉妒的呼呼聲響
我看見妳披頭散髮張牙舞爪的醜惡模樣

妳想將人間一切美好的統統毀滅掃蕩
我們的風景樹首先遭到妳無情的斬傷
我新編的小竹籬更忍受不了妳過度的瘋狂

妳摧毀了所有的房屋和圍牆
我的屋頂是整個地開了天窗
妳還把孩子們絞到空中鞭打，飄揚……

貝絲啊！妳是一位完全失去善美理性的女郎
而最可惜的該是妳失去了我對妳的一份幻想

四一·一一·二一·左營

註：四十一年十一月十三日午夜貝絲颱風襲擊本省南部，左營海軍軍區損失最重，事後承各方友好來函慰問，特寫小詩一首記之，以酬盛意，並示尚在人間。卡門亦爲大颱風，較貝絲尤強烈。

月亮

古代的詩人把妳比作一隻玉兔
但妳缺少兩隻大耳和一個尖尖的頭
妳更沒有一截醜陋的尾巴
妳完全不像一隻四足獸

妳雖然缺少四隻善於奔跑的腳
但兔子卻沒有妳那麼大的速度
妳以藍色的太空作運動場
妳的步履輕盈風姿十足

傳說唐明皇曾到妳的閨中一遊
但那只是浪漫文人的遊戲筆墨
妳不會墮落到作一個帝王的后妃
妳是真正的冰清玉潔

只有現代人的智慧才能使妳的芳心傾服
當太空之舟航向妳的心湖
我也許會飄著銀髯白髮和妳作第一次會晤
希望妳不要笑我太老
比起妳我還是一個年輕的孺子
妳的不謝的青春也許能醫治我早衰的痼疾

四六・一一・一一・北上車中

鵝鑾鼻

我來到這美麗的島的並不美麗的尖端
濛濛的細雨又一直伴我走到燈塔的面前
我正羨慕守塔關員的幽居情趣
他卻向我訴說這兒大風大浪的驚險

太平洋上的颱風十次有九次光臨這邊
巴士海峽的波濤個個都想躍上雲天
滿山斷樹殘枝正顯示著颱風的威力
海峽的萬噸油船宛如跳倫擺舞的水手那樣狂顛

守塔的關員問我是來看風還是看浪
我說我有一個夢失落在那海天一線之間

四三・二・左營

海邊的城

城像黑貓樣地蜷臥在藍色的海濱
在黑暗的夜裏閃著金黃的眼睛
濛濛的細雨正籠罩著陸地和海面
卻籠罩不住這海邊的黑貓的明亮的眼睛

海邊的城真像黑貓樣的溫柔而甯靜
它不聲不響地蜷臥在藍色的海濱
它微微地睜著溫柔智慧而明亮的瞳孔
靜靜地注視著灰色的天空和藍色的海濱

我坐著第四次快車從它身邊隆隆而過
偶一睜眼纔發現它竟是這樣優美而溫存
我真慶幸我有這樣一次最難得的際遇
我像觸著一位多情而智慧的愛人的眼睛

四三・五・左營

和風

吹上高樓
吹上高樓
這來自海洋的和風
一陣陣吹上高樓

是那麼温柔
是那麼温柔
像戀人的纖手
輕輕地撫摩著我的頭

沒有憂愁
沒有憂愁
憂愁已被和風吹走
庭前芳草也格外碧綠

四一・四・一〇・左營

雨和花

你在屋簷下畫著一個個銀色的音符
彷彿塗畫於高高低低的五線譜
三合土的階墀是大鋼琴的音鍵
那滴滴答答的節奏不徐不疾地傳到我的耳邊

小院裡的牽牛花吹著藍色的小喇叭歡迎你飄飄的銀髮
玫瑰也展開她層層摺疊的紅裙跳著美妙的森巴
芙蓉是一位非常嬌羞的十六歲的花國少女
她很愛你，但她又低著頭紅著臉不敢向你逼視

惟有我的心如秋天的平湖
我靜靜地坐著欣賞你的音樂和花的華爾滋

四六·一一·一三·台北

夜雨

像大將軍麾動千軍萬馬
急驟而沉重的腳步
在子夜之谷奔馳而過

你一陣陣傾蓋而來
我的屋瓦就隨之哆嗦
我彩色的夢也一次次被你敲破

我有點怪你和我一樣暴躁
但我又愛聽你豪放的生命之歌
因為你的降臨才使我有春天的感覺

於是我披衣起床在窗前小坐
我的感想很多，我要問你

今夜有多少花開多少花落

四一・四・一〇・左營

廊上吟

我愛靜靜地獨立長廊
更愛長廊外的點點風光
鳳凰木花紅如火
龍舌蘭如儀隊之整潔軒昂

檳榔樹像詩人散步於阡陌之上
夾竹桃像蕩婦婀娜而又輕狂
O形的草地如處子之貞潔
亭亭的團荷如淑女之端莊

而我最愛的乃是海上飄來的薄霧
如乳色之紗輕輕地披上長廊
也輕輕地披在我的身上
我遂有一種朦朧美的感覺和淡淡的淒涼

四一·九·四·左營

窗下吟

透過這微啓的長窗
我望見海上的波浪
如少女頻頻起伏的胸膛

透過這微啓的長窗
我望見白雲朵朵飛揚
如點點征帆航行於海上

透過這微啓的長窗
我有一個奇怪的想像
蔚藍的秋空很像我夢中的藍衣女郎

透過這微啓的長窗
我心裏又多一個幻想

我想騎白鶴御清風以遠颺

四一・九・一四・左營

白髮吟

秋天的腳步為何踏上綠色的高崗
是初次的冒失還是偶爾的徜徉

春天的原野為何鋪滿繁霜
是杜鵑花招妒還是百靈鳥太會歌唱

青春的銀鈴正在迎風震響
幾莖白髮卻帶來過早的哀傷

四一·一〇·三〇·左營

長夏小唱

今天又有一個非常明麗的太陽
它向所有的空間輻射著萬道金光
窗外的樹木在陽光下輕輕地搖擺
一對斑鳩親暱地停留在那最高最高的枝上

所有橢圓的針形的羽狀的綠葉都顯得格外明亮
所有褐色的黃色的鳥兒都在樹林中棲息歌唱
小黃雀的聲音像纖纖的玉指輕點著最低的音鍵
八哥兒的歌喉像女高音的花腔那麼明快嘹喨

嗡嗡的機聲從高高的天空緩緩滑過
彷彿三月的微風吹起海上粼粼的波浪
悠悠的白雲如漂亮的少女曳著白色的長裙
輕盈地夢樣地滑過藍色的穹蒼

海風踏著貓樣的腳步鼓著安琪兒似的翅膀
弓著背扭著腰一步一步輕輕地踏上我的長窗
我剛想伸過手去摸摸它的背脊和翅膀
它又輕吟淺笑地溜到那高高的枝上

今天又有一個非常明麗的太陽
我的思想也因為它而格外明麗閃亮

四三·五·七·左營

秋夜輕吟

那從海上飄流而來的空氣竟是如此地清新
我彷彿嗅覺到這氣流中又洋溢著一種美酒的香醇
而最耐人尋味的是芭蕉葉上點點滴滴的雨聲
像戀人的眼淚一點一滴輕輕地滴進我的心靈

淡淡的秋思宛如長長的睫毛覆蓋著美人的眼睛
偷渡那長長的睫毛的封鎖的是無限的柔情
我支頤倚枕想將那失落的愛情和詩魂同時招領
惟有詩和愛情才能裝飾我憔悴的青春

四一・八・二三・左營

秋訊

最後一次颱風悻悻地掠過我們的海港
「瑪琍」小姐已經昂首遠颺

海峽像一個疲憊的縱慾者
現在十分安靜而無風浪

九月的天空像藍寶石一般閃亮
沒有一片雲影滑過這靜靜的長廊

習習的晚風已經展開她略帶寒意的翅膀
殷勤地造訪每一扇北向的門窗

妳，多情的女郎啊！
請再賜我一片紅葉欣賞

讓我完成一個美好的秋天的想像
在這寂寞的島上，在這寂寞的島上

四一·九·九·左營

四月

「莎拉」的裙邊偶爾旋落幾粒珍珠
使我很快地想到江南的銀亮的春雨

雖然這兒的夾竹桃開得非常熱鬧
園裏的兩株玫瑰也挑逗地向我微笑

甚至芭蕉也扯起綠色的長旗
滿院的聖誕紅也紅顏未老
再加上紀弦似的檳榔樹向我排隊肅立
而我仍然很想回去，很想回去

這兒紅的太紅，綠的太綠
而我是漸漸地老了
我實在無心欣賞這亞熱帶的多彩的油畫

我很懷念故鄉的淡煙疏雨
和那蹲伏在青山脚下的小小茅屋
自然我更愛在雨中踏花歸去

四五·四·四·左營

九月之旅

火車像一條黑色的巨鰻
以游龍般的矯捷姿態
航行於九月的綠色的大海

駘蕩的秋風在綠色的浪尖上
跳著白天鵝中的芭蕾舞
而且飄著多摺的美麗的裙裾

一陣急雨像一陣銀色的箭
歪斜地紛紛地落在綠色的浪尖
一隻象牙般的纖手忙將百葉窗拉下
以躲避這意外的驚險

空氣突然轉變得如午夜般的清新
乳燕和蜻蜓也紛紛結隊作高空旅行
十次我有九次厭煩於這南北的往返
今天我卻得到一次秋天的閒適與恬靜

四六・九・一・北上車中

十月的風

駘蕩的風
閃著銀色的羽翼
穿過白色的欄杆來了
來到這不屬於黃色的咖啡室

她輕輕地掀動我的稿紙
偷看「過客」的秘密
覷著我一個字一個字地填上去
她最先分享我的憂鬱和喜悅

她和一位穿著方格長裙的明媚少女
幾乎同樣輕盈地飄到我的身側
我彷彿從北極的冰天
突然嗅到三月的河邊青草氣息

五〇・一〇・一六・台北

註：「過客」係我當時撰寫的一個短篇小說

晚會

現代的蛇在紅色的燈光下扭動
原始的噪音從麥克風裡爆炸開來
一個臂波贏得無數的掌聲和喝采
一聲怪叫立刻使 gentleman 騷動起來

他們說這是最好的樂隊，最精彩的晚會
我覺得歷史的金馬車在迅速地倒退

五一・一二・二九・台北

祈禱

神的世界沒有我，也沒有你
我們是上帝遺棄的亞當和夏娃

亞當無罪，亞當吃了苦果
夏娃心軟，夏娃默默地祈禱

心的低語，心的呢喃
而上帝太老，眼盲心盲
亞當卻含淚微笑了

五一·一一·台北

題GK

上帝為妳創造了一副修長美好的身材
又給妳配上了一對深情而智慧的小窗
妳的兩片薄唇又像一隻弓形的如夢的輕舟
靜靜地停在妳那寧靜而白晰的海港

妳的身子輕輕地擺動宛如顫慄的白楊
妳的小窗微微開啓就是一首最美的抒情詩章
妳的輕舟一撥動雙槳就有一陣情感的波浪
妳是上帝空前的傑作，豈僅是一位鄉下姑娘

四四·八·八·左營

渴念・追求

我是多麼渴念那五月的榴花
我是多麼渴念那玫瑰的紅潤
我是多麼渴念伊人悄悄降臨
而又細語輕輕……

我一生只追求一個意境——
案頭鮮花常開，天上皓月長明
到我完全解脫之時
有淑女在我額上輕輕一吻……

四一・ ・一〇・左營

寂寞・孤獨

我有兩個親密的好友
他們的名字是寂寞和孤獨

當我跌進死亡之谷的時候
他們日夜和我廝守

當我戴上王冠接受歡呼的時候
他們仍然站在我的左右

一天我痛苦地向他們懇求：
「走吧，我親愛的好友
——寂寞和孤獨」——

而他們卻憐憫地望著我：

「可憐的好友，我們離開之後
誰是你的知音？誰和你長相廝守？」
因此，我又挽住他們的雙肘
我們形影不離，親密如初

四一・八・一六・左營

冬眠

你知道這兒沒有冬天
有誰相信我已進入冬眠
像土蠶兒蜷伏土中深深藏掩
我在紙做的堡壘外面再加一道鐵邊

我靜靜地期待我想望的春天
我靜靜地蜷在堡壘裡面冬眠
有誰肯送我一株永不凋謝的花朵
我當跳出堡壘和她攜手並肩

四一・一二・三一・左營

我想把妳忘記

我想把妳忘記
因為苦痛常在心中交織
我想把妳忘記
因為邱比得第一箭射錯標的

我想把妳忘記
因此聚會更少音信更稀
我想把好忘記
偏偏昨夜又在夢中和妳相值

四一・七・三一・左營

想念

我們相識在一個快樂的春天
那年的春天令我深深想念

小鳥彷彿慶賀我們的相識
啾啾地歌唱在灌木林間
紫燕也展開她閃光的羽翼
雙雙地掠過我們的面前
杜鵑花染紅了整個山谷
和風常伴我們徜徉河邊
河水從我們腳下輕輕流過
青春的喜悅洋溢在妳的眉尖
壠上的雌雉迷戀著雄雉
妳的兩眼也閃爍著如夢的光燄……

我們相識在一個快樂的春天
那年的春天令我深深想念

或人的悲歌

世上有幾人懂得雲雀之歌
而你偏愛唱，而又越唱越寂寞

世上的淑女原是那麼多
而你結褵的偏是最俗而又無知的一個

你本是白雲中的一隻丹頂仙鶴
而上天偏把你放逐於群雞之窠

你的靈魂永遠泳浴於天河
而腳上的鎖鍊卻始終難以解脫

你的思想與現實是那麼不能調和
因此你常常擲筆拍案而悲歌

問上蒼何其如此戲謔啊
那被戲謔的是你還是我

四一・六・一三・左營

春晨獨步

這青青的艸地
平鋪如錦
這密密的樹林
枝葉多嫩多新

花兒在靜靜地開
美艷如少女懷春
鳥兒在快活地叫
這歌聲多脆多清多好聽

春景如畫
春深似海
艸上多露
林中有霧

我在畫中海上霧裏
早行獨步

誰説天堂只有神仙配住
那知人間更有清福如許

四〇·二·二七·左營

炫與殉

藍天以星星裝飾自己
孔雀以羽毛炫耀自己的美麗
黃鶯以歌喉驕矜自己的同類
鸚鵡以能言討人歡喜

畫家以山水怡娛自己
音樂家以五線譜作自己的天地
哲學家以大腦探索真理
我以生命填入我的詩

四〇・一〇・一・左營

悼三閭大夫屈原

啊！屈原
偉大的三閭大夫
偉大的詩人啊
你像那天上最明亮的星星
永遠照耀著我們
你像那巍峨矗立的山嶽
永遠超過低矮的丘陵
你像那笑傲霜雪的梅花
永遠壓倒群英
你像那千錘百鍊的金鋼
但金鋼比不上你的堅貞

眾人皆醉你獨醒
眾人皆濁你獨清

懷襄二王是闇弱的昏君
靳尚之輩是討好的佞臣
滿朝文武沒有第二個愛國忠貞
偏狹、自私、忌妒和愚蠢
辜負了你一片耿耿忠心
也貽誤了楚國的人民

你不會討好賣乖
你不會吹拍奉承
你僅有的是一顆報國忠心
和一種詩人的自尊
你也不屑於作一個時髦的說客
以自己的知識去獵取別國的相印
你始終認為國家利益高於個人
因此你只好在三湘楚澤披髮行吟
你始終沒有考慮去投效敵人

汨羅江的水喲和你一樣地清
汨羅江的水喲照得見人
汨羅江的水喲也照得見
你那顆耿耿的忠心
它是楚國的一面明鏡
照出了忠貞也照出了奸佞

行吟復行吟
汨羅江兩岸的芳草啊
排遣不了你的憂戚悲憤
汨羅江兩岸的杜鵑啊
她又叫得那麼傷心
她聲聲的叫喚
更加使你痛不欲生
當兩年前我追尋你的蹤跡
悲苦地行吟在汨羅江濱
我彷彿看見你

披髮、抱石、投江自沉

啊！屈原
偉大的三閭大夫
偉大的詩人啊
你的軀殼早已離開我們
你的軀殼早已離開那佞臣昏君
而你的心血啊
像那閃亮的星星
永遠照耀著我們
你的人格喲
像那巍峨的山嶽
永遠超過低矮的丘陵
你的精神啊
像那笑傲霜雪的梅花
永遠壓倒群英……

啊！屈原，三閭大夫啊
詩人是不死的
不死的是詩人的正直、剛毅、堅貞

四〇・六・一五・左營

詩聯隊

像流星降落於地面
詩人偶亦貶謫於人間
像野鶴閒雲難以聚集
今天的團結卻是空前

埃及金字塔本不是個人獨建
萬里長城也是群眾的血汗凝鍊
我們的智慧匯合在一起
任何敵人都會死於我們正義的筆尖

今天，趁著聯隊建立的吉日
我願意把所有的熱情奉獻
但我不是一個戴桂冠的詩人
我很慚愧站立在你們的中間

（我是一個永遠打不死的射手
我的文字是我胸膛裏射出的彈痕點點）

現在，我等候聯隊的命令
等候聯隊的召喚
為了建立詩戰線
我許下服役的心願已經十年

四〇·九·二九·左營

心靈之歌

別和劊子手談愛
別和娼妓談情
別對笨牛彈弄豎琴
因為牠們都不是知音

別在狐狸面前誠實
別在豺狼面前掏出良心
別向吸血鬼乞求餘生
乾脆以利刃鋼刀宰掉他們

別驚嚇樑上乳燕
別欺侮枝頭黃鶯
別攀折好花插進瓶
有牠們才有美景和青春

和安琪兒誓約吧
和雪梅訂盟
和星星密語吧
和聖女親親

四〇‧一一‧三〇‧左營

子夜獨唱

花前默默勝過一千次狂吻
最深的愛情埋在內心
背人飲泣慟過一千次號啕
最深的悲哀決不告人

緘默不語勝過眾口嘵嘵
最大的辯才不辯而息爭
咬牙拔劍強於當庭咆哮
最深的仇恨是人頭落地無聲

溪流呀潺潺而深潭沉默
一瓶水不響半瓶水常自炫鳴
瑞蘭呀獨自隱藏於深谷
妖桃冶李偏愛勾引行人

游魚啊專在岸邊水面喋唼
蛟龍卻沉潛於海洋的中心
瓦雀啊專在人家屋簷吱喳
蒼鷹卻展翅追逐天上風雲

依人小鳥啊怎能與鴻鵠相比
野草閑花啊那有白梅一般精神
勿炫惑於芍藥的富麗喲
世間最難得的是丹桂的一點清芬

四〇・一二・一四・左營

眞理・愛情

你問我什麼最真
我說真理最真
你問我什麼最神聖
我說愛情最神聖

誰在真理面前欺心
他永世不得安寧
褻瀆真理如同褻瀆天神

誰對愛情不貞
他的愆疚永遠補償不清
褻瀆愛情就是褻瀆良心

在天上我敬仰幾個巨靈

那是日、月、星辰
在人世我崇奉兩位真神
一個是真理，一個是愛情

四〇・一一・三〇・左營

友情的花朵

人生如沙漠
友情像花朵
沙漠是一片憂鬱和寂寞
友情卻是一株永不凋謝的花朵

人生的道路艱險而遥長
友情的花朵永遠芬芳
我孤獨地匍伏於山徑之上
友情的花朵卻盛開在我的兩旁

像詩樣的馥郁
像仙女叩玉盤而輕唱

四〇·一一·一七·左營

啊！西北風啊！

啊，西北風啊！
如野馬披著長鬃
在窗外奔馳
在廣場撒野，逞兇

啊，西北風啊！
你這殘酷的謀殺者
你把好花揉碎
你把好鳥關進樊籠
你把溫暖放逐
你把太陽禁閉在天空

啊，西北風啊！
你這醜惡的煞神

你揮舞著鋼刀跑來
先向弱小行兇
孩子們的臉都被你刺破了
楓葉亦由蔥綠而紫紅

啊，西北風啊！
你這披頭散髮的女巫
嘴裏呼呼吹弄
手把魔棒左右揮動
森林因你而擾攘
海洋因你而洶湧

啊，西北風啊！
捲著西伯利亞的寒流
氣勢洶洶
像瘋狂的野獸
向我們作波浪式的撲擊，進攻

但終於摔死在窗户和牆壁的鐵掌之中

啊，西北風啊！
由於你的撒野逞兇
我們才緊緊地擁抱
脈膊一致跳動
心與心息息相通
我們相信——
春天正在你背後悄悄跟蹤

四〇·一二·一六·左營

橫貫小唱

在遙遠的兩點之間
用血畫了一條曲線
使臺中和花蓮
在兩千一百多公尺的高山握手言歡

我是證人
我看見兩條瘦骨嶙峋的手臂
緊緊地握在一起
握在一起

站在梨山行舍的階前
我亦有高高在上的感覺
臺灣的高山——次高山
彷彿伸手可及

臺中，東勢
踩在我的脚底
谷關，達見
也踩在我的脚底

合歡溪是一條可愛的小溪
但它卻躲在我的脚下幾百公尺
我若橫跨兩邊的山頭向下俯視
它便像一條小小的水溝

而溪邊的千年古樹
卻彷彿如林的排筆
我想隨手拈起一隻
在藍天上寫下一個「奇」字

穿過一列列的山洞
回頭突然看見合歡埡口

合歡埡口張大嘴巴笑著對我說：
「我的高度是兩千六百五十公尺」

我又跑到碧綠
碧綠的一棵紅杉也很神氣地對我說：
「伸開手來抱抱我看
我的直徑是三點五公尺
阿里山的三代神木和我是高山的兄弟」

天祥以東
壁立千丈的青青岩石
更夾得我吐不出氣
從虎口穿過
幾乎看不見天日
九曲洞，燕子口
幽深而又神秘

你一定會說這是鬼斧神工
我卻看出了人類的智慧和勞力

經過不動天王廟
我彷佛聽見工程師與榮民們的聲音：
「我們要開山了
請不動天王讓路」
不動天王果然移動了祂的寶座

我一口氣爬上了三百多個石級
終於爬上了太魯閣
太魯閣騎著群山的背脊
擋住了太平洋白衣白甲爬山的攻勢

我很抱歉
沒有讀過創世紀
但我卻親眼看見

雙手創造的奇蹟

四九·一二·台北

歲暮吟

光陰像一條閃亮的金蛇
從我眼前飛快的馳過
我伸出雙手想一下抓住它
但我抓著的是空虛和寂寞

三百六十多天
像三百多隻白鴿
在高空呼哨而過
一個也不能捉摸

孩子抱住我跳著說：
「爸爸我快大了！」
我倒抽一口冷氣
眼淚像珍珠斷了線索

四〇·一二·二四·左營

師生

您是孤芳
只有我單獨欣賞
我是蒺藜
只有您不怕刺傷

您身經百戰
仍然揮舞長槍
我常遭打擊
但無一次投降

您跨過五十寒暑
我也虛度三十春光
您我生在兩個年代
卻緊抱著一個理想

不怪社會沒有容量
只怪您我生性剛強
不怪人世對您我太苛
只怪上天賦予您我太多思想

您我是師生
偏巧很多地方又太相仿
如今您的兩鬢已如繁霜
我的青春也悄悄埋葬
悲末世而抱頭痛哭吧
不如仰天狂笑一場

四〇·九·二八·左營

往事

妳對我脈脈含情
射著愛神的金箭的是妳的眼睛
妳對我深深關注
會說話的是妳的芳心

像一首抒情詩
像一闋小夜曲
像一幅象徵派的畫
你沒有講過半句庸俗的話
妳彈給我聽的盡是弦外之音
像清溪流過我的窗檔

像落花飄進我的夢境
我是沙漠中孤獨的旅者

風砂埋葬了我臉上的激情
心裏早已泣不成聲

也許上天有意戲弄人
祂常常為我安排許多
不如意的事情
祂不過偶然給我一點蜜
卻要我承擔永世的酸辛
讓我的心一天天枯萎
一片片飄零……

四〇・九・一三・左營

天書

我心裏有個秘密
從來不敢開啓
我心裏有座神像
人間找不著她的蹤跡

她在我心裏，若隱若現
她在我夢裏，似曾相識
我想叩開她靈魂的窗户
傾訴我深藏的秘密
但走遍天涯，偏又無處尋覓
走遍天涯，偏又無處尋覓

四〇·八·二九·左營

歷程

一

少年如燦爛的江南之春
如朝陽突破雲翳而冉冉上升
如黃鶯歌唱於三月的叢林
如蜜蜂狂吻著花心
如鳳蝶棲息於窗櫺
如美人醉眠於綠茵
如王子夢遊於幻境
如仙女婀娜款步於彩雲

如醉　如癡
　似幻　似真
無憂　無愁

忽喜　忽嗔
一萬兩黃金
也抵不上這彩色繽紛的一瞬

二

中年像一幅褪色的壁畫
鮮艷的色彩蒙上了世俗的灰塵
中年像一個圓滑的鵝卵石
無情的歲月磨滅了它的鋒稜
中年像一隻帶箭的蒼鷹
從蔚藍的天空一下栽進污濁的泥濘

中年人的嘴上沒有愛情
他把愛情埋在心之底層
中年人的心裏沒有幻想
他把幻想絞死在現實的刑庭
像果實抖落花冠

中年抖落了青春
像藍天抖落流星
中年抖落了天真

三

老年如一棵枯槁的古樹
光著幹子沒有綠葉和枝枒
老年如一支風中殘燭
光影搖曳傷心而淚下
老年如西天一抹晚霞
一陣清風就結束了慘淡生涯

往昔的日子像一首詩
老年人沒有憧憬只有回憶
逝去的年華像一朵花
老年人不望將來只戀過去

像白雪掩蓋大地
老年沉靜而無生機
像古井黝黝
老年緘默而孤寂

四〇·一一·二三·左營

雨季

這是一個哭泣的世紀
你看　天也在哭泣

一長串的日子
就在哭泣中度過
不分晝夜
沒有間歇

有時嚎啕大哭
像新婚的少婦死了丈夫
有時又嚶嚶啜泣
像一個將要出閣的閨女

一次偶然的哭泣是感人的

但長久不休的哭泣
就會失去它本身的價值
甚至招來憎惡

哭不但是感情的奔流
也是一種藝術
天　你為什麼一點不懂藝術
你為什麼不向我們的女演員學習呢

四〇・六・一七・左營

台灣海峽的霧

這是一個霧季
台灣海峽的霧
更重，更濃

每天午夜以後
霧即姍姍起步
曳著圓圓的裙裾
瀟瀟洒洒團團散佈

而一到黎明
霧已佈成一座灰色的迷宮
千道萬道迷陣
濛濛如雨

海水和陸地
一遍模糊
房屋和樹木
同樣淹沒於瀰天大霧

陸上的動物像網裏的游魚
在迷迷濛濛的霧中徬徨
人的眼睛也不能透過層層霧網
辨清自己的路伸向何方

這時你最好不慌不忙
睜著眼睛靜靜地注視東方
只要不是色盲
一定可以望見
那自海上冉冉升起的太陽
和它掃蕩迷陣的
千根萬根金杖

四一·三·三·左營

火車飛馳在海岸線上

火車飛馳在海岸線上
像飛馳在夢裏的江南
江南的春天的原野
那裏到處鳥語花香

難得有這樣明亮的太陽
難得它和煦地瀉進這三等車廂
我沐浴在明亮的陽光裏
一身輕鬆
眼睛也格外明亮

到處有人家
到處有村莊
村莊裏炊煙繚繞

我彷彿望見炊煙裏
隱約有竹籬茅舍風光
火車飛馳在海岸線上
我的心也隨著飛馳飄盪
飛馳到江南
飄盪在家鄉

四〇·三·八·寫於一三次南行車上

訴

為了完成一個小小的心願
十夜我有十夜失眠
豪富為了買笑不惜千金一擲
我為了獻出自已的心血
卻須忍受山妻的奚落和生活的長鞭

世人庸俗我心更堅
我願背負十字苦行人間
蘇格拉底為真理而仰毒藥
我為詩情常與苦痛牽連

我頭上頂戴的是荊棘不是桂冠
我心裏追求的是真善美不是威權
迎面而來的打擊我一一承受

但我永遠不倒
鋼鐵意志使我永遠挺立，向前

四一・四・左營

詩人

你問我——詩人是不是「人」
這問題也苦惱我很久很深
原先我們本是一道逍遥天國
後來不知怎樣忽然墮落凡塵

在塵世我們被人目為乞丐賤民
但在天國我們卻是第一等神明
我們的靈魂早已與天神合為一體
而塵世的鎖鍊卻使軀殼不能上昇

因此我們只能望藍天而興嘆
或則行吟於澤畔和湖濱
我們像杜鵑為春天瀝盡心血
卻永遠寂寞，永遠沒有知音

你問我詩人是不是「人」
現在我願一併答覆諸君
詩人是天上的文昌星
偶爾失足跌下凡塵
文昌星不願糟踏自己
詩人的痛苦因此更深，更深……

四一·四·二七·左營

復活的季節

一

春天來了
奉著崇高的愛情
奉著人類的希望
步履姍姍地
來了

應著百靈鳥的呼喚
應著八哥兒的通知
我第一個打開了
拒絶寒冷的窗櫺
讓陽光進來
讓温暖進來

外面
仰臥於藍天底下的
是綠色的原野
綠色的崗巒
綠色的大地啊

二

花在開
蜂蝶在飛舞

河流
唱著豪放的歌
澎湃而去

帕米爾高原的冰雪呀
也將為春天而融化……

三

那些在泥土裏
蜷伏了一個冬天的蟲蟻們
迎接著春天
出來了
那些在風雪的日子裏
哭泣著的孩子們
迎接著春天
微笑了

還有，我們的老農夫
他以無比的虔敬
肩掛著犁耙
拍打著黃犢
迎接著春天
走向親切的田地了……

四

在春天
冷淡於愛情的
也會燃燒起愛
畏怯於戰鬥的
也會磨厲著爪牙
死去了希望的
也會再生產希望……

五

春天來了
捧著崇高的愛情
捧著人類的希望
步履姗姗地
來了

啊
復活的季節喲

這世界
除了母親和土地
再也沒有什麼比春天
更有恩於我們了

三二·三·贛州茅店

春夜

這春天的夜
像那妙齡女郎的纖手
巧妙地撥動著鍵盤
響著悅耳的音樂

那些受盡了委屈的昆蟲啊
它們都在儘情地歌唱了……

你們聽呀
（靜心地聽）
那和諧的音階
有如情人的蜜語啊

三二・四・五・夜

春天，春天

剛剛突破冰雪的封鎖
我就嗅到春天的氣息
一躍過冬天的閘欄
我就聽到春天的腳步了

一看見那光芒萬丈的太陽
一看見那像聖母瑪利亞的眸子一樣可愛的太陽
我的心就怦怦地跳動
像初戀的小伙子
驟然看見那朝朝暮暮想念著的情人一樣地跳動啊

真奇怪呀
春天的消息剛剛傳到
我就沒有片刻的寧靜了

我的心熱得像一團火
我想衝出去
——敲碎冬天的枷鎖衝向曠野去

在冬天，我祇有嘆息，沒有歌唱
失望，憂鬱，實在壓得我抬不起頭來
像罪犯渴望自由一樣
我好容易渴望到春天啊

春天——生命的源泉
春天——自由的旗幟
春天——愛情的苗床呵
在妳溫暖的懷抱裏
我不再憂鬱，不再嘆息
為著人類的共同的希望
我又要敞開喉嚨儘情地歌唱了……

三六·三·南京

失落的春天

比百靈鳥的感覺還要敏銳
當春天還在那遙遠的地方
姍姍地起步時
我就敞開喉嚨歡呼了

像擁抱久別的情人一樣地
向春天，我首先展開了兩臂……

而當春天披著彩色的舞衣
熱情地光臨我的門前
擠弄著誘惑的眸子
輕輕地彈叩著我的窗櫺時
我卻無法敲碎腳上的鎖鍊……
直到一位女友向我親切地訴說著

「江南春暫，桃李盡成蔭」
我這才知道春天已經悄悄地遠行
——有如酣睡初醒

沒有在湖上泛舟
沒有在艸上打滾
沒有折下一枝花兒插進瓶……
是我辜負了春天
還是春天辜負了勞人

三六・暮春・南京。

春天不在這裏

說什麼春天像爛漫的妙齡女郎
蹦蹦跳跳地撲向年輕人的懷裏
說什麼青蛙兒正在咯咯叫
嫩綠的柳絲已經拖到地
說什麼草長又鶯啼

請你別再做那永遠做不完的彩色的夢
別那麼性急地報告我關於春天的消息
事實上春天距離我們還很遠
春天在那遙遠的地方
春天不在這裏

這裏所能看見的
仍是雪上加霜的隆冬

雖然我們都像馬駒子一樣地年輕
可是我們卻彷彿一個失去了青春的老處女
在我們的生命裏
永遠沒有榮譽和幸福
有的是——生怕別人聽見的
無聲的嘆息

你別羨慕那些喝醉了酒去「踏青」的紳士
也別妒嫉年輕的女人們像花蝴蝶一樣地
繞著大腹賈飛舞
因為他們的口袋就是春天
春天就在他們的口袋裏

而我們所渴望的春天
那陽光瀉滿了大地的春天
那花朵開在每個人心裏的春天
並沒有來

她還停留在遥遠遥遠的地方
她不在這裏

最後，恕我再向你勞叨一句：
春天不在這裏
這裏的春天不是屬於我們的

三五・五・上海

山城

山城裏沒有立體的建築
山城裏只有些低矮而破爛的房屋
和幾條狹窄而醜陋的街

山城裏沒有殷紅的嘴唇
和醉人的爵士音樂
也沒有婀娜的舞步
和迎風搖擺的楊柳腰枝

外來的人說
山城像一張樸實的畫
樸實的面孔
樸實的人物
和一顆看不見的
樸實的心

霧

每天都有一個晴朗的天空
每天都有一個發光的太陽
像曾經預約過一樣地
每天清早也有一陣濃重的霧

山城的霧
彷彿一個不知趣的舊客
不用照會不用請
每天清早它都會
莽撞地竄進屋來

於是，它遂佔有了整個的空間
立刻包圍了你
那無法衝破的包圍喲

於是，我又聽見了
這樣一個熟悉的聲音
那有著少女一樣地艾怨的聲音：
山城是霧的家鄉
而我們卻做了霧的俘虜

竹片燈

這是怎樣地使我驚奇呢
當我第一次看見他們點著
竹片燈

（看見他們點著竹片燈
我彷彿讀著一頁山頂洞人的歷史啊）

竹片燈
照亮了每一個遺落在山谷的人家
也薰黑了每一塊牆壁
和每一塊瓦

但是，竹片燈
仍然被山谷的人民寵愛著

像都市的紳士寵愛霓虹
像父母寵愛著他們的子女

因此，竹片燈還在點著

而且，還要留傳下去……

山城的生活

踏進了山城
有如魚兒跳出了水
生活是寫不盡的枯燥啊

那天天見面的
是數不盡的樸實的山巒
和簡單醜陋的人物
連那廣闊的天空啊
也變得井口般地狹窄

即使跑斷了腿
也找不出一個書坊
或是一本打開智慧的閘門的讀物
而那些污穢的雞籠和狗罩

卻擠破了幾條狹窄的街

踏進了山城
有如魚兒跳出了水
生活是寫不盡的枯燥啊……

寂寞的城

山城是寂寞的啊
寂寞得像那新寡的
孀婦的寂寞的心

海洋也會因暴風而呼嘯
山岳也會因大地的陣痛而幽鳴
夜鶯也會咀咒著黑暗
而聲嘶力竭地呼喚著黎明
貓兒也會扯破冬天的寂寞而叫春……

而這寂寞的城啊
彷彿一張啞吧的嘴
永遠默默無聲

三三·崇義

蛙聲

當我聽見第一聲蛙鳴
我彷彿聽見大地突然解凍的聲音
那聲音是愉悅的
是壓抑太久了的歌唱啊

那聲音是勇敢的
是突破了嚴寒的封鎖
跨進了年輕的春天的
勝利的歡呼啊

那聲音是誘惑的
它彷彿一隻輕薄的手
輕輕地揭開了青春的秘密
而使少女們臉紅呢

同時那聲音也是啓示的啊
地之子不是取下了塵封的犁耙
鞭打著牛犢
披一身細雨
辛勤地耕耘嗎……

那聲音是熱與力的交響
當我第一次聽到它啊
我彷彿聽見大地突然解凍的聲音

三三·三·一一·夜

晨雀

我歌讚妳呀
以自己的歌聲
喚來人類的光明的晨雀啊
黑暗在妳腳下無聲地死亡

妳是光明的先驅
自由的歌手啊
我一聽見妳的親切的呼喚
我的心就怦怦地跳動呀

三二·三·贛州

黃昏曲

天空像少女含羞的面頰
古樹擁抱著歸鴉
年輕的村婦啊
像呼喚著情人一樣地
熱情地呼喚著雞鴨……

一切有靈性的都在尋求温暖
尋求歸宿
而我——這不幸的吉卜賽喲
卻挾起流離詩草
走向遥遠的天涯

三二・十・十二・贛州

上海抒情

序曲

很久以前
我就想為妳構一副圖
最少，我也準備
為妳畫幾筆粗線條的畫
然而，我這枝拙劣的筆啊
使我一再地
失去了這份勇氣

今天
我有一種即將離妳而去的
酸溜溜的心情
妳想，對於妳

——這東方的巴黎
我怎能默然無語呢
即使是不會說話的啞子
他也會嘎嘎地叫幾聲
而我，又是一個
被所有的人瞧不起的
慣於浪費情感的
將自己的愛憎
甚至整個的生命
填入詩句的青年人
妳說，對於妳
——這東方的巴黎
我怎能默默無語呢
那麼，請恕我嘵舌吧
妳這使我愛又使我恨的鬼城市

一

一位俄帝的詩人
曾經寫下過這樣的詩句：
在芝加哥
一揚眉
就會觸著
電線桿
那麼請恕我套用吧
我說——
在上海，這積木的城市
一昂起頭
就會掉下帽子

如果你走進了南京路
你就會覺得
你是走進了

一條兩堵高牆夾著的
又深又長的窄巷子
在這裏
人就像是糞缸裏的蛆
鑽過來鑽過去
車子就像一條長蛇陣
滾過來又滾過去

如果你想從這條人行道
跑過那條人行道
那你一定得有做賊的本領
——眼快，手快，腳快
同時還得作衝鋒的準備
但結果不是撞著了手
就是碰歪了頭
或是有什麼東西
咬住了你的屁股……

因此，有一位名記者
曾經這樣感慨地說過：
「在上海走路
隨時都得小心
最好屁股上也長一對眼睛」

二

上海，妳這東方的巴黎
妳真是一個
花的都市
音樂的都市
跳舞的都市
女人的都市
金條的都市
大亨的都市
投機商人的都市

冒險家的樂園啊

多少朋友向我談起
爵士音樂如何好聽
華麗的舞廳怎樣舒適
還有女人的肉多麼香
女人的眸子多麼明亮
女人的腰枝多麼柔軟
女人的嘴巴多麼甜蜜
女人的……

多少朋友向我談起
金條多麼好撈
美鈔、金鎊、羅比如何交易
轉手之間
就可以盈利倍蓰
因此樂得花天酒地

因此就有人說
全中國都在飢荒
祇有上海才是例外的繁榮
和富足

如果不信
請聽一位大公司經理的闊氣話：
「我有多少財產，
或者說我有多少黃金？
嘿嘿！連我自己也算不清！」
如果換成法幣
那便要在阿拉伯字後面
加上一百個零
一千個零……

上海，妳是不是這樣的城市

妳的繁榮是不是披著
這層外衣

三

在上海
人與人之間
沒有情感的交流
唯一聯繫著人心的
是黃燦燦的金條
和那來自花旗國的貨物
以及與它同等價值的
但卻有著殷紅的嘴唇
華麗的裝束
彈性的大腿
顫巍巍的乳房
兩隻會說話的
迷死人的眼睛的

全身充滿著肉感的女人

因此，他們結連得很緊
像綀子一樣地難解難分
咖啡館、跳舞廳
雙雙同出同進
可是，請別妒忌
轉眼之間
他們又會變成路人
比你和我更加陌生

為了金條，商品和女人
他們會昧著良心
佈下坑人的陷井
你一跌下去
就永遠休想翻身
而對於那些倒斃在路旁的

善良的靈魂
和那千萬吃草根樹皮的飢民
他們卻熟視無睹
充耳不聞
寧願每天花一大把鈔票
去餵養那牽在手裏的畜生
或者是——
躺在那宮殿般的建築裏
瞻仰瞻仰
好萊塢的肉感明星

四

啊，上海
妳這東方的巴黎
迷人的妖精
年輕人一跳進妳的懷抱
就像墮入迷魂陣

那爵士樂
霓紅燈
已經夠迷人
再加上金條和女人
鐵打的漢子
也會化成蠟燭身

啊，上海
妳這東方的巴黎
同類的情感凍結的都市
色情利慾薰黑了人心的都市
我隨時準備逃避妳
像在海邊拾貝殼的孩子
逃避鱷魚一樣地逃避妳
我要逃往深山大澤去
逃往沒有人跡的地方去

在那裏我可以自由自在地休息
在那裏我可以大搖大擺的走路
在那裏我可以攀登最高峰
去迎接日出
在那裏我可以跳進清潺的溪流
去洗滌污穢的身子
在那裏我可以摒去一切的
思慮和顧忌
躺在瀝青的石頭上
聽鳥兒喧叫
看雲兒自在地來
又自在地去……

三五・五・上海

擬某女演員

那對善於傳情的眼睛
彷彿一泓澄清的水
默默地長流

那披肩的青絲
和那善於轉動的頭
更增添了無限的嫵媚

人人都說
妳的身材
像一株臨風的楊柳
一顰一笑
永遠留在觀眾的心頭

三三・四・五・夜

擬戀歌

天說高
地說厚
親愛的
我們的愛情
比天地更永久

你看
今夜的星星多麼繁
月兒多麼亮
親愛的
織女正緊偎著牛郎

你看
山多麼青

水多麼秀
玫瑰又多麼紅
親愛的
願我們的青春常在……

誰說愛情是一杯苦酒
而我們卻日夜
飲著瓊漿

雖然
晴朗的天空有時會飄起一片烏雲
愛情的河流有時會揚起一陣波濤
但是，親愛的
你可知道
烏雲散後天空會更加晴朗
波濤息後河流會更加平曠

有人說
金錢是愛情的媒介
而我們的媒介
是心的吸引
空手一雙

有人說
別離是愛情的障礙
但是，親愛的
我們不妨說
別離是愛情的延長

我知道
明天你會騎著戰馬遠去
但是，親愛的
不用憂傷

你雄壯的背影
將永遠留在我的心上……

三二・贛州

戰書

別太猖狂吧
戴著近視眼鏡的先生

即使我是一尾魚
我也要突破你的網
（因為你大言不慚地說：
我要封鎖你呀！）

對於一個倔強的靈魂
你也想施展你的卑劣的手段嗎
我是撒旦的對頭呵
在你面前——
我要扯起反抗的大纛

三二・四・二一・贛州

哀亡命詩人

出生於貧窮的國度
出生於貧窮的家
而「不幸」又彷彿一個泯滅了天良的密探
緊緊地，緊緊地追蹤著你喲

眾人的口像一柄無情的劍
最近又有人誹謗你了
於是，你又狼狽地離開了
「新的伊甸」

「十年的流浪
十年的辛酸」
對於你我好說什麼呢
哦——但願那無私的太陽

也給你同樣的光亮

三二·贛州

園圃

園圃
開闢在熙來攘往的
馬路旁邊
園圃
封鎖在一丈多高的
竹籬裏

園圃裏
有小姐的爽朗的笑
還有少爺的
悠揚的小洋號

園圃裏
有些不知名的花朵

還有鮮紅的蕃茄
和那熱戀著太陽的
向日葵……

參觀的人說
「一切都美滿
可惜缺少了
有刺的玫瑰」

三二・七・贛州

陽光

我是生活在嚴寒的地帶
　生活在沒有花朵的地帶
　沒有夜鶯歌唱的地帶
　沒有陽光照耀的地帶的
不幸的流浪者
像囚徒渴望自由一樣地
鰥夫渴望愛情一樣地
我渴望著那燦爛的陽光啊

我早就聽見別人說過
陽光像黃金一樣地閃亮
陽光像美貌女郎的笑靨一樣地
蘊藏著愛情的秘密
陽光像母親的胸膛一樣的溫暖

陽光像壽星老兒一樣地和藹……

在有陽光的地方
花兒鮮豔地開
鳥兒在快樂地歌唱
貓兒在叫春
狗兒在跳躍

今天，我又聽見別人說出了
陽光的故事
陽光的誘惑
我跳躍的心遂又添上了一雙翅翼
然而，向哪裏飛呢
我的周圍還是一片漆黑喲

三二·五·贛州

孤芳

像玫瑰開在荊棘中
臘梅笑在霜雪裏
白鶴翔舞於九霄
綠荷出自污泥……

我們都有一身嶙峋的骨頭
一顆自負的心
寧願孤獨而死
決不與猥褻者合流

猴子雖穿戴衣冠
但它始終欺瞞不過我們的眼睛
我可以斬釘斷鐵地說：
「牠不是人！」

朋友，讓牠耍把戲吧
別攪亂了我們趕路的心情

三二·贛州

滿妹

有北方女性的端莊
　南方女性的温情
如果我的記憶不錯
那該是沈三白筆下的
崇高的靈魂

她是我們的滿妹
　孩子的姑姑
她在我們之間
就像黑夜裏閃灼的明星

不用懲戒
最野性的孩子
她有耐性説服

不用爭辯
最放蕩的哥哥
她能潛移默化

她可以使頑石點頭
古樹恢復青春
她是一股偉大的潛力
真善美的化身

她是我們的驕傲
　孩子的幸運
看見她
你就看見中國女性的典型

三八·二·長沙

神女

在這敞口的破輪上
擁塞著沙丁魚似的人群裏
妳像一朵盛開的玫瑰花
獨個兒炫耀着
美麗的年華

妳那時麾的裝束
和那頗有教養的風度
怎不教人疑心你
是一位高貴的小姐
並且出自名門大家
尤其是在我驟看之下
但有人大膽地向我說

在這充滿了噪音的破輪上
祇有你最悠閒
而無愁苦
因為你操的是
神女生涯

妳既不拒絕
那老年人淫猥的愛撫
也不厭棄
青年人輕佻的挑逗
並且你還「一視同仁」地
報以水蜜桃一般的笑靨

像變魔術一樣
我真猜不破
這裏面究竟蘊藏了什麼
是金錢迷惑了你

還是我的眼睛有錯

三四·一一·二二·上海

沒有褲子穿的女人

在西南川貴邊陲上
我看見了一個沒有褲子穿的女人
她一看見我這個陌生的行腳者
臉上立刻飛來了
一朵久久不散的紅暈

來不及思維
也來不及迴避
她慌忙地往地下一蹲
將襤褸的上衣
遮掩著裸露的下身
但是，她的上衣呀
真像燒給死者的紙錢
一個一個的洞眼

在那裏宣示著它主人的肉體
宣示著它主人的被羞恥咬傷了的靈魂
因此，她臉上的舊紅暈上
又添上了新紅暈……

她的茅屋彷彿一個衰邁的老人
歪歪倒倒地
癱臥在公路旁邊的山腳下
矮矮的屋簷
親熱地吻著泥塵

人和豬住在一起
人和豬界限不分……

在六月的如焚的驕陽下
我的舌頭乾得發燒
我的腳趾也被地面灼起了泡

我就這樣莽撞地闖上了她的門

我向她討口茶
她搖搖頭表示沒有
於是我向她要口水
她揮揮手
叫她的鼓脹著肚皮的
全身沒有一根紗的瘦娃子
用瓢在水缸裏勺了個滿瓢
我接著瓢咕嚕嚕地飲，咕嚕嚕地吞
她呀，她仍然像一顆釘子樣地
釘在那裏
一動也不動身

「孩子的爸呢」？
我好奇地問那個沒有褲子穿的女人
她呆呆地望著我半天不作聲

但終於把嘴巴扯成一個弧形
「啊！啊！打日本！打日本！……」

在這裏我不敢久耽
因為我已經傷害了一個
淳樸的靈魂
於是，我走了
吐著感激的語言走了
但我沒有料到
她會佇立門口
偷偷地送我遠行
由於一種說不出的感情的激動啊
我無意中一回頭
但是，她呀——她像一隻驚弓的鳥兒啊
慌忙地往地下一蹲……

三三·六·贛州

襤褸的孩子

我應該怎樣用我這枝發霉的筆
將你呈在千萬人眼前呢
我可憐的襤褸的孩子呀

在這貧瘠的土地上
襤褸的孩子
彷彿垃圾堆中的狗
是那樣狼狽而又那樣地眾多

但是，你——可憐的孩子啊
你又是襤褸的行列裏
最襤褸的一個

而且，你又是自有生命以來

就失去了庇蔭的孤兒
因此，你像一株無所憑依的小草
在暴風雨中扎掙著
而又含著淚堅韌地生活著
——這真是上帝創造的奇跡啊
你的生命反而像打足了氣的皮球
是那樣的充沛
一點也不脆弱

像你這樣一點年紀的孩子
照理，正該躺在幸福的搖籃裏撒嬌
然而，事實告訴我
你比成年人還要辛勞
每天，你比太陽起得還早
空著肚皮，背著柴刀
向幾十里路以外的深山
去採伐一些松枝枯竹

換取一天生活的資料
雖然它並不能供你一飽
但是，別人告訴我
過去的日子
你就這樣打發過去
未來的日子
仍仰仗著自己的血汗和這把柴刀

你說
在一些偶然的場合裏
也許有一兩位年老的女人
向別人討兩件破爛的衣褲
給你遮羞
但這又是多麼難得的善舉啊

好久了
你這一套破爛得很不合身的衣褲

一直沒有脫下來洗過
紳士們掩著鼻子說你太髒
而幸福的孩子們又笑你
「不要臉的猴子
屁股都露在外面呀！」

唉唉！可憐的孩子啊
什麼時候你才能吃得飽
穿得好呢

三三・九・崇義

盲歌者

迎著十二月的
淒厲的北風
冒著深夜的
澈骨的嚴寒
你，落寞的
盲歌者呀
抱著褪色的「道情」
踏著冷清的街道
敲擊著碎石子和落葉
的篤而去……

沒有鍵盤的跳動
沒有絃索的奏鳴
落寞的盲歌者呀

當你唱起那支
悲愴的調子的時候
你的歌喉
是瘖啞而枯澀喲

往日
你帶回去的
是數不盡的
辛酸和哀怨
今夜
你帶回去了什麼呢
除掉那無邊的
黑暗……

三一・十二・贛州

擊柝者

如果有人問我——
在這世界上
誰是最渴望太陽的人
那麼，你——辛勤的擊柝者啊
是我所要說出的
千萬個渴望著太陽的典型

在凄厲的風
絞著團團的雪的夜裏
你剁剁地敲著
在傾盆的雨
向城市
向村莊
向整個的大地

傾倒著的夜裏
你仍然剝剝地敲著啊……

剝剝的柝聲
無休止地響在黑暗的夜裏
剝剝的柝聲
沉重而憂鬱地
響在你的心裏
剝剝的柝聲
像一柄尖利的匕首啊
插向沉睡著的
人們的心裏……

你是黑夜中唯一的
清醒者呀
為了明日的太陽的招引
你是那麼步履匆匆地

從這條街
敲向那條街
從一更
直敲到五更啊

當太陽以無比的光與熱
以博而無私的愛
撫摩著城市
撫摩著村莊
撫摩著整個大地的時辰
你——辛勤的擊柝者啊
帶著惡狗的嗐吠
帶著懶漢的咒罵
帶著你的老搭當——棒和柝
酣然地入睡了

三二·十·贛州

夜行者

沒有火把
沒有燈籠
頂著月亮和星星
我走完了九十里的路程

我的侍從是
一把佩劍
一個圖囊
一串輕鬆的步子
和一道永遠唱不完的流浪的歌……

走在葱鬱的山谷裏
我的胸脯挺得更高
我的腳步放得更輕

我的眼睛啊
到處搜索
一個聲音一點響
我的耳朵會使我提高警覺
我的佩劍呀
也豁然地出了鞘

我準備以戰鬥迎接敵人
（因為新聞紙告訴我
這裏即使在白天
也須結伴而行）
山頂上有狼嗥
和一些肉食動物的吼叫
那聲音會使姑娘們縮做一團
教徒們喃喃地祈禱
集所有的怯弱者於一起
也會豎起他們的汗毛

而我是一個慣於夜行的人
危險時只有乞靈於自己的劍和刀
（我的經典是——
如其忍受宰割
毋寧激戰而死亡！）

偶然經過一座村落
疲倦蠱惑我歇一歇腳
但是，那猙獰的惡狗啊
像迎接盜賊一樣
一個跟著一個地
向我猛撲

於是，我仍出一陣石頭
走了
唱著流浪的歌……

像一個瘋狂病患者
在漫長的夜裏
我走著，唱著

走著自己應該走的路
唱著別人聽不懂的歌

我憂鬱
然而，我也快樂

我的理想像天空的月光一般亮
我的希望呀
有如駒兒脱了索

向有光有熱的地方
我走著，唱著

向人類的希望嵌著花冠的地方
我走著，唱著……

當黑暗開始潰退的時候
我第一個叫開了那緊閉著的城門
守城的同志驚訝地向我舉起手
注視著我被夜露浸濕了週身

於是，我的腳步停止了
我的歌聲停止了
我的眼睛也毋須再搜索
我的佩劍呀
也悄悄地入了鞘

三二·五·贛州

老船夫

啊，你們
你們聽我說呀
我們的船上有一個
老船夫

老闆尊他做
「當家」
伙計喊他做
「老傢伙」
或者是
「老骨頭」

唉，這些稱呼
他滿不在乎

你高興喊他什麼
就喊什麼
那怕你喊他「老狗」
他也決不會咬你一口

據說，十三歲
他就跟他老子
開始在人家船上做活
一直到現在
他的手沒有離過篙和舵
　沒有離過槳和櫓
　肩膀老是揹著
　那拉長拉長的縴索

你要是問他
——多少年紀
他會毫不躊躇地告訴你

——六十三

也許他還會向你誇耀
這五十年的駕船歷史

是的，五十年不算短
將軍們在五十年的戰鬥中
該要立下多少功績
商人們在五十年的盤算裏
該要賺進多少財富
然而，他呢
他能夠養活一個老潑婦

假如你還要問他——
這多年紀為什麼還不休息
他會拉長面孔，嘟起嘴巴
因為他沒有兒，沒有女
——休息，休息，到土巴裏去休息

啊，夠了，
這老傢伙真像一條牛
在刮骨剝皮以前
還得為人類使盡氣力

三一·十二·贛州

沙灘

內河裏沒有沙灘
沒有揚子江邊那樣廣袤的沙灘啊

對於那睽違了很久的廣袤的沙灘
我有著深沉的眷戀
像眷戀那浩瀚的揚子江
和那揚子江邊的綠色的小草原
和那草原上受難的樸實的人民一樣啊

在那些數不清的過去的日子裏
我常常披一身溫暖的陽光
獨個兒去拜訪沙灘
和棲息於沙灘之上的雁群
去時是兩手空空

回來呀，卻像滿載著珠寶的富翁
口袋裏裝滿了貝殼
全身插滿了雁毛啊

先哲說
過去是一個美麗的夢
我的夢在沙灘做起
亦在沙灘失落

三二・九・二九・沈畔。

快割鳥

我呼喚不出妳的名字呀
我親愛的快割鳥
在故鄉的春三月
莊稼漢脫去了破棉襖
露出紫銅色的結實的肌肉的時候
親愛的快割鳥呀
妳來了
「快割，快割」地飛來了

於是
他們翻出了塵封的鐮刀
在石滾上磨得霍霍地響

霍霍地響呀

霍霍地笑

地裏
油菜莢欠身地吻著泥土
大麥，小麥，裸麥……
掀起一片金色的波浪
親愛的快割鳥呀
你像一個辛勤而勞叨的老農夫啊
一步不鬆的督促子姪們：
「快割，快割！」
孩子們也學著你的聲音：
「快割，快割！」啊

當莊稼漢快活地吃著
新熟的裸麥飯
和新做的小麥麵的時候
親愛的快割鳥呀

你走了
不聲不響地飛走了
——沒有誰知道你的去向啊

現在
又是莊稼漢脫去了破棉襖
露出紫銅色的肌肉的春三月
然而，親愛的快割鳥呀
我聽不見你的清越的歌聲啊
——我是失去了土地的吉卜賽喲

像眷念自己的土地
眷念自己的愛人一樣地
我眷念著你呀
我親愛的快割鳥

三一・三・贛州

麥笛

在故鄉的春三月
麥地像一片無涯的
綠色的海

在綠色的海裏
我們日夜吹著
綠色的麥笛
唱著綠色的歌

綠色的麥笛
吹出童年的綠色的生命
吹出泥土的霍霍的笑聲

在童年裏

我們不懂得異性的愛
成年的莊稼漢
他們會在麥地裏
探訪情人
而我們衹會探訪
那綠色的麥地
那高出我們腦蓋的麥穗
用我們的小手
抽著綠得發亮的麥桿
製造小小的麥笛

在童年裏
我們沒有情人
麥笛就是我們的情人
在童年裏
我們沒有學會
勾引異性的山歌

我們卻會吹著麥笛
吹著自己編造的歌：
「喔啦啦，喔啦啦……」
——我們自己編造的歌

等到我們稍為懂得一點事
我們就不再吹那綠色的麥笛
不再吹自己編造的歌——
喔啦啦，喔啦啦……
我們吹著什麼呢
我們吹著那從淞花江上
傳來的歌曲啊

麥笛吹出的是童年的愉快的心聲
而淞花江唱出的是一個民族的
深沉的仇恨啊

多年了
我沒有忘懷這深沉的仇恨
更沒有忘懷那綠色的麥笛喲

三三·五·崇義

駝鈴

沙漠裏沒有綠色的水草
和蔚藍的天
沙漠裏卻日夜震響著
清脆的駝鈴
——從遠古響到現在啊

看哪
那迎面而來的是：
黃色的風沙
黃色的篷帳
黃色的行列
和一望無涯的
黃色的沙漠的海
它給孤獨的遠行者

以扯不斷的憂思……

而那震響在
黃色的沙漠的海裏的
清脆的駝鈴啊
它卻予孤獨的遠行者
以綠色的希望
和生命的活力

因此
沙漠裏還沒有斷絕行人
沙漠裏深深地印劃著
後來者如鱗的腳跡……

三三・一・崇義

山店

山店像一朵長年不謝的花
以綽約的姿態
迎迓著風雨
迎迓著霜雪
迎迓著月亮和陽光
迎迓著奔走於深山凹谷的行人

我們不知道
山店的歷史有多久
但是，打從這裏經過的人
都知道：它門口有一株刻畫著
歷史的痕跡的老榆樹
和一條永遠不乾的清湛的溪流

山店的主人是一個沉默的老漢
和一個愛說愛笑的胖女人
他們賣些水酒，麻餅和花生……
憑著這些
他們招徠了許多旅客
打發了許多無聊的歲月
消磨著平凡的一生

白天，山店是熱鬧的
這裏講著不同的言語
長著不同的面孔
懷著不同的心
酒徒講著昨夜酒醉的故事
農夫講著今年的收成
鄉長講征購，征實，征兵……
店主婦講著某一家寡婦

一夜裏葬送了十年的堅貞
綠林好漢打點著
每一個來往的客人
一進入了黑夜
山店有如死樣的寂靜
祇剩下老榆樹咀嚼著
盛亂與衰的事跡
溪流哀嘆著身世的凄清

三二・十二・贛州夏寒鄉

橋

我愛橋
橋和塔一樣地
象徵著崇高和永遠……
自從人類有了歷史
我們就有了橋
於是
我們像水一樣地
從橋上流過
因此
橋上載滿了愛情
載滿了仇恨

載滿了笑聲
也載滿了哭泣

橋像母親的胸膛
永無艾怨地
讓我們站
讓我們坐

橋像愛人的手臂
永無艾怨地
讓我們挽
讓我們撫摸……

在橋上
我迎接過大雷雨
在橋上
我等待著日出

在橋上
我興奮地舉起雙手
在橋上
我飛起而又跌落

在橋上
我孕育了太多的理想
在橋上呀
我寫下了這樣的詩句：
「不許猥褻者通過！」

三二・六・贛州

天空的搏鬥

十月的天空沒有一片雲
十月的天空像一片蔚藍的海
地面有如修道院一般地寧靜啊
那狂熱的太陽還沒有滾出來

朋友
這真是一個難忘的日子啊
今天第一個向我們問候早安的
是那孝順的日本航空員

看哪，我們是多有禮貌啊
像趕赴愛人的約會一樣地
馬上饗以怒吼的馬達
和一頓鐵的彈丸

但是，抱歉得很呀
這場搏鬥的結果
我們祇贏了兩架零式機的殘骸
和幾個焦頭爛額的愚蠢的豬玀

三二·十·贛州

汽笛

不是貨船駛近了港埠
不是工廠放出了女工
那嗚嗚的聲音
不再是希望的叫喊
和愉快的休息

今天，它給人類帶來的是
不安和恐怖
死亡和哭泣……

三二·十·贛州

古鐘

雖說是沒有生命的器物
然而，你的壽命比任何生物的壽命都長
那天天撞著你的
年輕的修道女和童僧
一個一個地死去了
然而你還在鳴響
鐺鐺地鳴響啊

那鐺鐺的聲音
從朝響到晚
從遠古響到現在
從山谷響到市廛
從耳鼓響到心尖……

雖然是一樣的響聲
而聽眾的反應卻大不相同
多少殺人不眨眼睛的「將軍」
聽著你的響聲而深自懺悔
多少失意的政客
聽著你的響聲而遁跡深山
多少無告的寡婦怨女
聽著你的響聲而毅然走進空門……

今天，又有多少無辜的人民
應著你的響聲而失去了生命

三二·十·贛州

火把

看
啊
那高加索的囚徒
普洛米修士
他第一個舉起火把
走向黑暗的人間

於是
我們有了愛
有了熱
有了光

在黑暗中
我們毋須再摸索
在黑暗中

我們毋須再徬徨
在夜之神降臨大地之前
今之普洛米修士
又為我們點燃了火把
在三叉路口
在十字街心……

於是，我們接過了火把
走我們應該走的路程
我們通過了無數的
獨木橋
又跨過了無數的
陷阱

現在
夜正黑
路正長

而我們的火把燃燒得更亮
我們的歌聲更加激昂
我們的胸脯挺得很高
我們的步子在嚓嚓地響！

有人說——
前面有人倒下了
他要我們暫時停停步
而我們還是「馬不停蹄」地前進
我們的胸脯挺得更高
我們的歌聲更加激昂
我們的火把啊
燃燒得更亮
我們的步子在嚓嚓地響……

看吧

我們將第一個擁抱著太陽

三二·六·贛州

城市的夜

看哪
多少人舉起了
歡迎的手
期待著
城市的夜的來臨啊

城市的夜
像一個風騷的
淫蕩的少婦
向週圍噴射著
誘惑呀

啊
誘惑的色彩

誘惑的光線
誘惑的聲音
誘惑的貨物喲

在白天
被警報委屈了的
紳士淑女們
在夜的街道上
昂首闊步了

在白天，被警報代替了生意的商人們
在電燈光照耀的櫃台上
盤算著利潤了

在白天
被警報剝奪了工作時間的
苦力們

在夜的碼頭上
在夜的市場上
出賣著血汗了

那些一向慣於夜間工作者
在編輯室
標著頭條標題，二條標題……
在排字房
檢著頭號字，二號字……
蒼白著臉絞著腦汁
蒼白著臉運用十指了

那些出賣肉體
出賣靈魂的娼妓
在五光十色的大街上
在陰濕黑暗的角落裏……
做著下流的勾當了

電影院裏
擠滿了看絶代佳人的觀眾
京戲院裏
擠滿了看全本玉堂春的觀眾
他們的興趣
是那麼濃
他們的鈔票
是那麼輕快地飛呀

茶樓上
擠塞著吃喝的人群
酒樓上
擠塞著吃喝的人群
你聽
他們的猜拳聲多麼響亮
你看

他們的臉孔多麼紅啊

公園裏
有詩人漫步
有音樂家演奏
有報販叫賣
有少男少女蜜語啊
城市的夜
沒有蒼白的呵欠
城市的夜
裝滿了紅色的笑靨
城市的夜
起落著華爾茲的舞步啊

一切都興奮
一切都是病態的瘋狂呀

罪惡也張開了無朋的翅翼
在城市的夜裏
到處盤旋
到處飛呀

在城市的夜裏
沒有人渴望太陽
在城市的夜裏
沒有人作久遠的打算啊

一到天亮
生活在城市的人們
就惴惴於警報的嗚咽了
因此，他們一熬到黃昏
就舉起歡迎的手
期待著夜的來臨啊

三二·七·贛州

寫在第七個「七七」

在人類的新的史册的扉頁上
我們蘸著奴隸的血和淚
寫下了兩個莊嚴的『七』字

『七』字在我們面前閃著光
『七』字在奴隸的面前發亮

『七』字給我們帶來了新的理想
『七』字給人類帶來了新的希望

讓『七』字掛在我們的嘴上吧
讓侵略者在『七』字底下
無聲地死亡

三二・七・贛州

最後的勝利

一

來了
戰爭到底拍著
勝利的翅膀
矯健而輕捷地
向我們飛來了

感謝你
我們的年輕的報務員
勝利的使者啊
你第一個向我們
報告這興奮的消息
報告這使我們歡喜得
流出眼淚的消息：

「日本無條件投降！」

這喜悅的聲音
這有力的字句啊
像久旱後的暴風雨
真使我們歡喜得發狂

從今夜起
我們有了做人的資格了
從今夜起
我們可以挺起胸膛走路了

從今夜起
我們可以盡情地歡笑
從今夜起
我們可以大聲地說話了……

二

大街上
到處響著劈劈拍拍的爆竹聲
到處響著勝利的呼喊
我們踏著爆竹的灰燼
嗅著濃重的硫磺氣息
追趕那像我們一樣
歡喜得發狂的群眾
跌跌撞撞地
撲進了他們的行列

「好哇！親愛的兄弟：
恭喜，恭喜！」
「好哇！恭喜恭喜！
親愛的兄弟，
我們也有了今日！」

於是，他們像發狂一樣地
把我們重重圍起
亂七八糟地
遞給我們熊熊的火把
和勝利的旗幟……

你，雜貨店的小伙計
你，爆竹店的小伙計
再多給我們幾捆火把
再多給我們幾掛爆竹吧
讓我們照亮所有黑暗的小巷
讓我們彈去那些倒霉鬼臉上的晦氣
在這勝利的夜裏
啊啊，在這勝利的夜裏

喂，來呀

你這憂鬱的小媳婦
今夜不要再躲在門角裏哭泣
也毋須害羞呀
來，快點來
大膽地參加我們的行列

好哇！你這悲觀的洋紳士
今夜不要再縮在書房裏
望著天花板嘆息
來，快點來
勇敢地參加我們的行列
——勝利的行列喲

在勝利的夜裏
我們的爆竹
彈得土地發燒
我們的火把

炕得臉上發熱
我們的喉嚨
歡呼得完全嘶啞
我們的創傷的心啊
也揭去了瘡疤

在這勝利的夜裏
我們像新婚之夕那樣地興奮
通宵，我們沒有合上一下眼睛

三

好哇！你店鋪裏的小伙計
昨夜的爆竹殼
還沒有打掃出去
天一亮
你就懸起了
這莊嚴而美麗的

青天白日旗

從這條街
到那條街
條條街上
懸著青天白日旗

從這條巷
到那條巷
條條巷裏
懸著青天白日旗

哎哎！青天白日旗
你，挑著糞桶的鄉巴佬啊
怎麼也歪起嘴角來笑嘻嘻
你知道今天是什麼日子
你知道昨夜

發生了什麼事故
哎哎！你知道昨夜
發生了什麼事故
來，走過來
把耳朵貼攏來
讓我告訴你
告訴你——
這就是最後的勝利

唉！傻瓜
別儘裂開嘴巴
站在大街上傻笑吧
趕快回去
回去告訴你的姆媽
快快樂樂地
過你的太平日子

你，報館裏的先生
你，機關裏的先生
別像娘兒們一樣地
在大街上拉拉扯扯吧
不知道嗎
小蓬萊，社會服務處
早已為我們擺好了
慶祝的筵席
為了這最後的勝利呀
請大家敞開喉嚨
一齊去盡情地乾杯

哎哎！別再拉拉扯扯吧
我們一齊去
盡情地乾杯
你，海量的先生們
舉起杯來傾倒吧

今又不是應酬
今天不是請客

你，滴酒不嘗的太太們
你，羞人答答的小姑娘啊
請敞開你們的朱唇吧
大家來乾這第一杯

哎哎，乾掉這第一杯……

喂，你們別在那裏
唧唧噥噥做鬼，你們是在講誰
——我麼
我還沒有醉
嗯嗯！我還沒有醉……

三四・八・一二・稿於樂平

附錄

中國新詩與傳統詩詞的整合

——爲一九九四年台北世界詩人大會而作

墨人

中國詩有最悠久的歷史，詩經是中國最早的詩集。那是中華民族的集體創作，不是個人作品。原作者多是北方的民間詩人，而又絕不止三百首，且有謂三千多首者。孔子依其好惡而刪詩書，因此詩經只留下三百零五首，再經散失五首，故詩經僅留下三百首。而這三百首又是怎樣的詩呢？曰：「詩三百，一言以蔽之，曰思無邪。」如果不是孔夫子以詩言教的主觀意識太强，中國詩的內容一定更加豐富，更加多采多姿，所以嚴格說來，孔子刪詩，是中國先民詩歌的一大損失，是中華民族性格的一大戕害。他要齊一變至於魯，魯一變至於道，用意雖然很好，但以政治手段加諸文學，卻是不智的。中國歷代的政治干預文學，可以說孔子是始作俑者。這後果是他沒有想到的。

詩經分國風、小雅、大雅、頌四體。四言、五言、六言、七言不一而足。相沿至唐，乃有古體、近體之分。唐朝開國之初，以聲律取士，英俊才彥，均習六義，以爲進身之階，帝后嬪妃、僧道閨秀，亦多唱和，蔚爲一代之風，其成就之大，可謂空前絕後，所以言詩必唐。因中國詩發展至唐，格律完備嚴謹，杜甫更集格律詩之大成。中國詩既已登峰造極，唐明皇又精通音律，中國詩遂由樂府而演變為詞。唐明皇可以說是詞的催生者。詞是詩的變體，但這種變革不大，詞者詩之餘也，詞只是增强詩之音樂性和彈性，擴大詩的創作空間，詩仍然是詞的母體，唐朝並未以詞廢詩，兩者並行不悖，但大中、咸通以後，迄於南唐二蜀，詞更是家工戶習，曲盡其變。至宋乃集詞之大成，而為有宋一代文學的表徵。但宋詞仍未取代宋詩，只是宋詩的光芒已為宋詞所掩，詞人即為詩人，詩人亦即詞人，其間的差異即為同一人的詩詞，往往詞比詩好，以大詩詞家歐陽修而言，他的詩亦不如詞。此即詞的音樂性與彈性優於詩。詞更宜於抒情，尤宜於女性，此李清照、朱淑眞之所以名垂千古也。而歐陽修的「生查子」：

去年元夜時，花市燈如畫。月到柳梢頭，人約黃昏後。
今年元夜時，月與燈依舊。不見去年人，淚滿春衫袖。

歐陽修這首「生查子」，詞品卷二誤為朱淑眞詞。而「月上柳梢頭」句，又誤為李清照作。但「月到柳梢頭」，不如「月上柳梢頭」，「淚滿春衫袖」，又不如「淚濕春衫袖」。一字之差，相去甚遠。

以七言律詩和「鷓鴣天」詞來說，只有一字之差，但音樂性、彈性和韻味，卻大不相同。茲舉歐陽修七律「試答元珍」詩與「鷓鴣天」詞作一比較，即見分曉：

七律

春風疑不到天涯，二月山城未見花。
殘雪壓枝猶有橘，凍雷驚竹欲抽芽；
夜聞歸雁生鄉思，病入新年感物華。
曾是洛陽花下客，野芳雖晚不須嗟。

鷓鴣天

學畫宮眉細細長，芙蓉出水門新妝。
只知一笑能傾國，不信相看有斷腸。
雙黃鵠，兩鴛鴦，迢迢雲水恨難忘。
早知今日長相憶，不及從初莫作雙。

歐陽修是唐宋八大家之一，又是蘇東坡的師長，他詩詞均佳。由於詞是由詩演變而來，它繼承了詩的優點，而又增加了音樂性與彈性，在創作上亦不受律詩對仗的束縛，自由多了，這是良性的變革，成功的變革。其他詞譜如浣溪沙、虞美人、卜算子、如夢令、踏莎行、憶秦娥、南柯子、臨江仙、點絳唇、蝶戀花、菩薩蠻、醉花陰、謁金門、朝中措、長相思、西江月、昭君怨、一剪梅、武陵春、聲聲慢、木蘭花、采桑子、南歌子、秦樓月……等等，比鷓鴣天的彈性更大，音樂性更強，寫作更自由。所以詞比詩更能令人迴腸盪氣，是抒情文學的最佳形式。

詞不僅令人讀來纏綿悱惻，也能使人慷慨悲歌。如岳武穆的滿江紅「寫懷」與「登黃鶴樓有感」二首，以及蘇東坡的念奴嬌「赤壁懷古」都是這類作品。運用之妙，存乎一心，也看詞人的氣質。如毛澤東的沁園春，就充滿帝王思想，目無古人。其他效毛填沁園春者，則畫虎不成反類犬矣！中國文學、文字之妙，詩詞之美，不入堂奧，不解其味。

中國新詩不像詞的變革那樣自然，那樣與其母體——詩，息息相關，吸取了母體的營養，而壯大自己。中國新詩完全是自西方移植而來，與中國傳統詩詞沒有關係，甚至故意區隔起來，以示其新。不但沒有吸取傳統詩詞的文學營養，連中國方塊字在形聲義方面的許多優點，也棄如蔽屣。而西方文字又不能全搬過來運用，因此，在表現工具方面有如圓鑿方柄，在語言文字結構和思維方面都難作到天衣無縫的地步。作品的表現效果自然也難免遜色。新詩自西方引進中國已經七十多年了，這其間不乏高才，但新詩迄今仍未被中國讀者普遍接受，也是一件不可忽視的事實。這與詞的變革和發展情形是迥然不同的。因此我想建議中國新詩人，不妨在與中國傳統詩詞的整合方面，多下點功夫，多吸收一點營養，以開創新詩的盛唐時代。

自兩岸開放文化交流之後，我有幸認識了不少大陸詩人，也拜讀過他們不少的作品。我發現大陸有些詩人在中國傳統詩詞方面很下過功夫。他們對傳統詩詞並不是那麼排斥，其中上海「中國詩人」主編黎煥頤先生更是根基深厚，新詩傳統詩兩門抱的傑出詩人，他在新詩與傳統詩詞的整合方面，頗多貢獻，更見功力。且舉兩詩為例：

過羊卓雍湖

修長，翠綠。
宛如絕代佳人，
幽居空谷。

溫存而不嫵媚，
綽約而有風骨。
不假胭脂，超塵脫俗。
在群山之間，脫巾獨步……

我沈醉了，完全被她俘虜。
雖然我，不是好色之徒……

假如你問：
我醉到什麼程度？
我醉得忘了太湖，

忘了西湖，就像魚兒一樣
在它水底出沒……

哎！要不是魚鷗亂飛，
野鶩亂舞，
我眞會忘卻此時此地
我是在五千公尺的高處！

潯陽秋興

楓葉荻花秋瑟瑟……

千載以前，白居易江湖落魄。
然後，又在落魄之中江頭送客……

千載以後，我跟蹤而來，
不見荻花，不見松葉，

只見潯陽燈火，輝映江天遼闊。

往了——歷史的春花秋月。
來了——秋水共長天一色。
來來往往，亙古風流，
誰主？誰客？誰送？誰接？

天地轉，光陰迫。我和古人，
各有各的歷史潮頭。
各有各的歷史季節。
站在這潮頭之上，看遠天帆影，
心事逐流水，卷起千堆雪……

我是來送客的嗎？
獨自對著江水沉默……
啊！月湧大江，星垂平野，
最多情，莫過於乘風破浪的船舶，

汽笛聲聲、聲聲汽笛，又送又接……

好！該送的要送！該接的要接！

接和送，都理應有選擇……

第一首寫景、抒情，情景融洽，表現了羊卓雍湖的不同流俗。第二首是懷古抒情，借白居易的酒杯，澆作者胸中塊壘，沉鬱、含蓄。詩題亦令人發思古之幽情。兩詩文字之精鍊，節奏之和諧，不下於傳統詩詞，而又脫胎換骨，推陳出新，是新詩與傳統詩詞成功的整合。

黎煥頤整合成功的佳作很多，而「日月山」這首詩更具有歷史價值，我以為是必傳之作。限於篇幅，不再引證。

民國八十四年（一九九五）元月三日定稿於北投 **紅塵寄廬**